ERPRESSTE SCHWEIZ

Zum ehrenden Andenken an Jean-Pascal Delamuraz
Bundesrat von 1984 bis 1998

Der Arbeitskreis Gelebte Geschichte dankt seinen Gönnern,
Muriel und Peter Koechlin-von Wyttenbach in Basel,
die mit ihrer grosszügigen Zuwendung den Druck dieses Buches
möglich gemacht haben.

ERPRESSTE SCHWEIZ

ZUR AUSEINANDERSETZUNG UM DIE HALTUNG DER SCHWEIZ IM ZWEITEN WELTKRIEG UND UM DIE BERICHTE DER BERGIER-KOMMISSION

Eindrücke und Wertungen von Zeitzeugen

Eine Gemeinschaftsarbeit des
Arbeitskreises Gelebte Geschichte (AGG)

2002

Th. Gut Verlag, Stäfa

INHALT

1. Einleitung 10

**2. Die Ausgangslage: Jüdischer Weltkongress
und Clinton-Administration greifen an** 13
Übertreibungen, Verleumdungen und Lügen aus den USA...13
Der unhaltbare Vorwurf, die Schweiz habe den Krieg
verlängert 19
Die Clinton-Administration leistet Schützenhilfe...............21
Offener Brief an die Botschafterin der USA in der Schweiz..24

3. Aussenpolitik auf dem Prüfstand 29
Konfliktungewohnte Schweiz – überforderter Bundesrat ...29
Eine weitere Schweizer Schwäche: das Bedürfnis
nach Harmonie 29
Zeichen der Unsicherheit und Unterwürfigkeit................30
Weltmacht zwingt Kleinstaat in die Knie 34
«Befreiungsschlag» Solidaritätsstiftung 35
Der schweizerische Botschafter in den USA geht..............36
Wachmann Meili – willfähriges PR-Instrument in den USA...40
Die jüdische Solidarität 41

**4. Volcker-Kommission:
Der Bankenvergleich – eine Erpressung!** 43
Milliarden gesucht – Millionen gefunden: der Berg hat
eine Maus geboren 43
• Allgemein gute Noten für die Schweizer Banken 43
• Trotzdem wurden in den USA die Angriffe fortgesetzt, das
Misstrauen gegenüber den Banken wird wachgehalten 45
• Unabhängige Volcker-Kommission? 46
• Eine Aktion ohne jede Verhältnismässigkeit 47
• Versuch einer Bilanz: Schweizer Banken erpressbar?
Ein Risiko für die Zukunft? 47

5. Die Bergier-Kommission (UEK) 50
Überstürzte Wahl 50
Zusammensetzung: unbefriedigend! 52

5

Unpräziser und einseitig erweiterter Auftrag des
Bundesrats führt ins Uferlose.................................54
Das Kreuz mit jüngeren Historikern 55
Wissenschaftliche Arbeit aufgrund unvollständiger Akten...59
Zeitzeugen melden sich zu Wort.............................60
• Oldies mit überholter Wertordnung? 60
• Mitsprache – eine nationale Pflicht.......................61
• Kein Verständnis beim Bundesrat..........................61
• Zeitzeugen – die «ärgsten Feinde der Historiker»?..........63
• Hemmungslose Medienarbeit der UEK-Mitglieder..........65
• Die Angst junger Historiker vor der Bergier-
  Kommission...66
Die gravierendsten Fehlleistungen der UEK.................66
• Sträflich oberflächliche Lagebeurteilung.................66
• Die Schweizer Medien verbreiten trotz Selbstzensur
  Hoffnung 72
• Kein Verständnis für übergeordnete politische
  Interessen 73
• Politische Unterstellungen 74
• Die Verantwortung des Bundesrates 74
• Der schwerste Mangel: Keine Gesamtschau
  der Gefährdungslage der Schweiz...........................75
• Anklage und Verurteilung ohne Klärung der Rechtsfrage...76
• Wie aus Einzelfällen globale Schlussfolgerungen
  fabriziert werden 77
• Wer hat wann was gewusst?.................................82

**6. Weitere kritische Anmerkungen zu den
   Berichten der Bergier-Kommission**.................84
Bericht über in der Schweiz liegende Vermögenswerte
von Nazi-Opfern und Entschädigungsabkommen
mit Oststaaten 84
• Oberflächlicher Umgang mit Quellenmaterial und
  ideologische Hintergedanken................................84
Zwischenbericht über die Goldtransaktionen der
Schweizerischen Nationalbank mit Nazi-Deutschland.......85
• Was will der Goldbericht?...................................85
• Vernachlässigung des Gesamtzusammenhangs und
  mangelhafte Sachkenntnis...................................86

- Anklage und Urteil ohne Verteidigung und ohne
  Prüfung der Rechtsfragen 86
- Beschimpfung der Verantwortlichen der Nationalbank 87
- Voreiliges Lob des Bundesrats...................................89
Bericht «Die Schweiz und die Flüchtlinge zur Zeit
des Nationalsozialismus» 90
- Inhalt des Berichts...90
- Gesamteindruck: das Vorurteil der herzlosen Schweiz.....90
- Die Wirklichkeit der Flüchtlingslager 92
- Moralische Betroffenheit oder das üble Spiel
  mit Emotionen 92
- Irritierende Akrobatik mit Flüchtlingszahlen 96
- Weitere Fehler im Flüchtlingsbericht............................97
- Auch bei einer Korrektur des Zahlenmaterials ist
  das Unglück bereits geschehen 100
- Auftrag von Bundesrat und Parlament nicht erfüllt......101
- Was die Bergier-Kommission verschweigt....................104
- Die Belastung durch Militärinternierte 106
- Die Enttäuschung der Konferenz von Evian 106
- Der Judenstempel: keine schweizerische Initiative!.......108
- Bericht über die Zigeuner: Schuldzuweisung bevorzugt!...110
- Späte Selbsterkenntnisse der UEK 110

7. Die Rolle der Medien: kein Ruhmesblatt!....113
- Orchestrierte Medien-Kampagne des Jüdischen
  Weltkongresses 113
- Schweizer Medien fassen jüdische und amerikanische
  Kreise mit Samthandschuhen an 114
- Handlangerdienste und Munition für den Gegner.........116
- Korrektur anlässlich der Schlussbilanz? 117

8. Reaktionen im In- und Ausland 118
- Wie haben Zeitzeugen, Mitglieder des Arbeitskreises
  Gelebte Geschichte, im In- und Ausland die
  Auseinandersetzungen erlebt?....................................118
- Reaktionen in der Romandie und im Tessin 120
- Lob und Preis für die Bergier-Kommission aus den
  USA und aus Israel..121

9. Ist mit dem Schlussbericht alles gelaufen? 123
• Kein Interesse für Vergangenheitsbewältigung...............123
• Was von Bundesrat und Parlament erwartet wird.........123

10. Und was kostet das alles? 127

11. Schlusswort 129

12. Chronologie der Ereignisse 131

13. Anhang...................145
1. Vorstand AGG...................145
2. Pressecommuniqué des AGG, September 2000:
   Von der Schweiz misshandelte Flüchtlinge? 145
3. Antwort der amerikanischen Botschafterin
   Madeleine Kunin auf den Offenen Brief des AGG
   vom 24. Juni 1998...................146
4. Schreiben des AGG vom 11. März 1999
   an Bundespräsidentin Ruth Dreifuss...................148
5. Bundesbeschluss 984 vom 13. Dezember 1996........150
6. Bundesratsbeschluss vom 19. Dezember 1996.........152
7. Die Mitglieder der Unabhängigen Expertenkommission Schweiz – Zweiter Weltkrieg...................156
8. Rechtliche und politische Überlegungen des AGG
   zur Unabhängigen Expertenkommission Schweiz –
   Zweiter Weltkrieg 158
9. «Von der Zeitgeschichte überrascht. Erlebnisse
   eines Mediävisten.» Jean-François Bergier. NZZ,
   8./9. September 2001...................163
10. «Wie sich Geschichtsbilder wandeln.» Paul Stauffer/
    Jean-François Bergier. NZZ, 18. Oktober 2001........171
11. Petition der IG Schweiz – Zweiter Weltkrieg an
    den Bundesrat...................176
12. Erklärung des AGG am Werkstattgespräch der
    UEK vom 13. Juli 2000...................177
13. Manifest der Veteranen des Aktivdienstes 1939–1945...179
14. «Les raisons d'être reconnaissant à la Commission
    Bergier.» Jean-Christian Lambelet...................181

15. Pressecommuniqué des AGG vom 3. Dezember 1999:
Die Schweiz im Zweiten Weltkrieg. Flüchtlingsbericht
der Bergier-Kommission 187
16. Anmerkungen zum Flüchtlingsbericht: Fortsetzung
des Artikels von Paul Stauffer 189
17. Zahlen der jüdischen Flüchtlinge 1933–1945 192
18. Unbeantwortetes Schreiben des AGG an US-Senator
Jesse Helms..193
19. Unbeantwortetes Schreiben des AGG an
die LOS ANGELES TIMES 194

14. Literaturverzeichnis 197

15. Abkürzungen 205

Einleitung

Wer wir sind und was wir wollen

Dieses Taschenbuch will einen Beitrag zur Diskussion um die Haltung der Schweiz im Zweiten Weltkrieg und damit zur Auseinandersetzung mit der eigenen Geschichte leisten. Seine Autoren sind Zeitzeugen, die sich aus der Sicht ihrer persönlichen Erlebnisse zur Zeit des Naziterrors und ihrer Kenntnis der Geschichte der Schweiz von 1939 bis 1945 für eine ausgewogene und gerechte Darstellung der damaligen Lage der Schweiz einsetzen.

Als Mitte der 90er Jahre jüdisch-amerikanische Organisationen die Schweiz zu kritisieren und anzugreifen begannen und sich im In- und Ausland Politiker, Journalisten und Historiker verschiedenster Herkunft und Motivation zu Wort meldeten, zeigte sich bald einmal, dass deren Geschichtsbilder zur Haltung der Schweiz im Zweiten Weltkrieg zum grossen Teil der Wirklichkeit nicht entsprachen, wie sie von Zeitzeugen erlebt worden ist. Kontakte mit Vertretern der Aktivdienstgeneration aus Politik, Wirtschaft, Wissenschaft, Armee und Diplomatie sowie weitere Informationsquellen, wie Bücher, Briefe und Tagebücher, bestätigten diesen Eindruck. Zudem weiss man aus langer Erfahrung, dass Archive, die Forschern als Arbeitsgrundlage dienen, nie vollständig sind und durch mündliche Überlieferung – die «oral history» – ergänzt werden müssen, um die Entstehung geschichtlicher Zerrbilder zu vermeiden.

Aber auch eine Fülle anderer Fragen rief nach einer Klärung: Welche Absichten verfolgten die Ankläger? Hat der Bundesrat richtig reagiert? Hat die schweizerische Aussenpolitik die Bewährungsprobe bestanden? Erfüllt die vom Bundesrat eingesetzte Unabhängige Expertenkommission Schweiz – Zweiter Weltkrieg (UEK), auch Bergier-Kommission genannt, den ihr erteilten Auftrag?

In diesem Umfeld reifte 1997 bei einigen ehemaligen Offizieren der Fliegertruppe, der einzigen Waffengattung, die während des Krieges bei Luftkämpfen mit der deutschen Luftwaffe den Ernstfall erlebte, der Entschluss, sich mit Gleichgesinnten zum «Arbeitskreis Gelebte Geschichte» zusammenzufinden. *(Verzeichnis der Mitglieder des Vorstandes des AGG Anhang Nr. 1)*

Die Autoren dieses Taschenbuchs – Mitglieder und Sympathisanten des Arbeitskreises Gelebte Geschichte – haben sich ein Leben lang, zur Kriegszeit in der Armee und später im Berufsleben, für ihre Heimat eingesetzt und nicht nur zur Erhaltung von Freiheit und Unabhängigkeit des Landes, sondern, wie viele andere auch, zu dessen Wohlstand in den Nachkriegsjahren beigetragen. Sie glauben deshalb, legitimiert zu sein, bei der Aufarbeitung der damaligen Zeit ein Wort mitzureden.

Auch im höheren Alter kann es uns als verantwortungsbewussten Zeitzeugen nicht gleichgültig sein, wie unser Land in die Geschichte eingeht und mit welchem Bild der Schweiz unsere Kinder und Kindeskinder im In- und Ausland leben müssen. Dieser Verantwortung einer ganzen Generation gegenüber fühlt sich der Arbeitskreis zutiefst verpflichtet.

Wir beziehen unsere Informationen nicht aus Archiven von Behörden und Wirtschaft, sondern vermitteln eine Gesamtschau von Erinnerungen, Eindrücken und Erfahrungen sowie Wertungen von Zeitzeugen, welche die Zeit des Zweiten Weltkriegs mit viel politischem und persönlichem Engagement erlebt haben. Wir geben uns dabei Rechenschaft, dass schon seit Jahren eine umfangreiche, auch kritische Literatur über die Geschichte des Zweiten Weltkriegs vorliegt, die sich auch mit den Schatten des damaligen Geschehens befasst. Sieht man von Details und Einzelschicksalen ab, hat die neuere Geschichtsforschung indessen im Grunde genommen wenig Neues und Bemerkenswertes zutage gebracht, das man nicht schon wusste oder aus Gesprächen und Literatur hätte wissen können. Auch die Zeitzeugen, die dieses

11

Buch verfasst haben, kennen diese Schattenseiten auf dem Wege der bedrohten Schweiz zwischen Widerstand und Anpassung. Auch erinnern wir uns noch, wie wir uns als junge Bürger mit der damaligen Politik kritisch auseinandergesetzt haben und lange nicht mit allem einverstanden waren, was in Regierung und Armee beschlossen wurde.

Und noch etwas: Wenn es darum geht, Stellung zu beziehen, hat man ein Berufsleben lang stets auf Interessen der verschiedensten Art Rücksicht zu nehmen. Im höheren Alter geniesst man indessen das grosse Privileg, offen und ehrlich seine Meinung zu sagen und «das Kind beim Namen zu nennen». Auch die Verfasser dieses Buches wissen diesen «Luxus des Alters», dieses «Gefühl der unausrottbaren Freiheit» (alt Bundesrat Hans Schaffner) zu schätzen, dies umso mehr, als sie überzeugt sind, dass die Meinungsfreiheit, diese tragende Säule der demokratischen Gesellschaft, heute mehr denn je gegen den Zeitgeist verteidigt werden muss. In diesem Sinne ist auch das vorliegende Buch geschrieben.

Arbeitskreis Gelebte Geschichte

Bern, im November 2001

Leser, denen der Ablauf des Geschehens, insbesondere seit dem Beginn der Angriffe auf die Schweiz, nicht mehr im einzelnen präsent ist, können sich im Kapitel 12 «Chronologie der Ereignisse» informieren. Dort sind die wichtigsten Punkte in zeitlicher Abfolge kurz zusammengefasst.

Sämtliche Veröffentlichungen des AGG sind unter www.gelebte-geschichte.ch im Internet abrufbar.

2. Die Ausgangslage: Jüdischer Weltkongress und Clinton-Administration greifen an

Übertreibungen, Verleumdungen und Lügen aus den USA

«Milliarden, die Holocaustopfern gehören, liegen auf Schweizer Banken», behauptete der Jüdische Weltkongress. Schliesslich fand man keine hundert Millionen.

Nachdem einige Schweizer Banken die Lösung der Problematik der nachrichtenlosen Vermögenswerte von Holocaustopfern nach Kriegsende, trotz wiederholter Mahnungen des Bundesrates (nicht zuletzt mangels der erforderlichen gesetzlichen Grundlagen) vernachlässigt hatten, lösten 1996 jüdische Organisationen in den USA und in Israel, insbesondere der Jüdische Weltkongress (WJC) in New York, heftige Angriffe gegen die Schweizer Banken, die Schweizer Regierung und das Schweizervolk aus. Unser Land wurde mit Vorwürfen, Verleumdungen, Lügen, Sammelklagen und Boykottdrohungen angegriffen, deren Ausmass und Unverfrorenheit alles bisher Dagewesene übertrafen. Die Schweiz wurde auf perfide Weise gedemütigt wie nie seit dem Einmarsch der französischen Revolutionsarmee Ende des 18. Jahrhunderts. Regierung und Grossbanken wurden in eine schwere Krise gestürzt.

Unsere Angreifer in den USA setzten bei ihrer konzertierten Aktion in erster Linie die von ihnen kontrollierten Medien, ihre vielschichtigen persönlichen Beziehungen und alle anderen verfügbaren politischen, wirtschaftlichen und rechtlichen Mittel schonungslos ein. Jüdische Journalisten, Verantwortliche der Administration, Historiker, Parlamentarier, Wirtschaftsführer und Vertreter jüdischer Gemeinden solidarisierten sich mit den Angriffen des Jüdischen Weltkongresses und holten ihrerseits zu schweren Schlägen gegen die

Schweiz aus. Die Schweizer jüdischen Glaubens verhielten sich indessen, in einer für sie schwierigen Situation, unserem Lande gegenüber mehrheitlich loyal. Eine starke Triebkraft hinter den Angriffen auf die Schweiz waren zweifellos auch amerikanische Rechtsanwälte der Holocaustopfer, die mit Sammelklagen und Bankenvergleich das grosse Geld machen wollten.

Die Schweiz hatte in dieser Auseinandersetzung von Anfang an das Nachsehen. Die massgebenden amerikanischen Medien ignorierten sachbezogene schweizerische Stellungnahmen, während ein grosser Teil der Schweizer Medien die Angriffe aus den USA anfänglich nahezu kritiklos übernahmen. Der gutschweizerische Hang zur Selbstzerfleischung und Selbstverhöhnung in den Kreisen der Medienleute, linker Politiker und Intellektueller lieferte zudem dem Gegner in den USA immer wieder Munition für neue Anschuldigungen, womit die Krise noch verstärkt wurde. Doch davon soll später noch die Rede sein.

Die Schweiz sah sich jedenfalls mit einer aussenpolitischen Herausforderung konfrontiert, mit einer Situation, die sie in der neueren Zeit kaum je erlebt hatte. Die üblichen Instrumente der klassischen Diplomatie versagten.

Zur Strategie der jüdisch-amerikanischen Organisationen: Verurteilung der Schweizer Banken durch die öffentliche Meinung

«Unser Ziel war einfach. Wir wollten die Schweizer Bankiers vor ein Gericht bringen, aber nicht vor ein Gericht, wie sie es gewohnt waren. Vor dem Gericht der öffentlichen Meinung bestimmen wir die Tagesordnung. Die Bankiers befanden sich auf unserem Territorium, und wir waren gleichzeitig Richter, Geschworene und Henker (was uns sehr gelegen kam). Die Schweizer Bankiers waren gezwungen, nach unsern Regeln zu spielen, ob sie wollten oder nicht. Und wie wir schnell feststellen konnten, lag ihnen das Spiel nicht besonders» ... «Wollten wir in unserem Kampf gegen die Schweizer Banken irgendeinen Einfluss ausüben, musste sich unsere Attacke gegen ihre Niederlassungen in den USA richten, die mindestens 25% ihrer Einnahmen ausmachen. Dies war ein nicht zu unterschätzender Faktor unserer und – so nehmen wir an – ihrer Überlegungen.» *(Gregg J. Rickman, Stabschef von Senator Alfonse D'Amato, in seinem Buch* SWISS BANKS AND JEWISH SOULS, *Transaction Publishers, 1999)*

Verleumdungen und andere perfide Angriffe aus den USA ergiessen sich über die Schweiz: Einige Kostproben

– «Es geht um den schlimmsten Raubzug in der Geschichte der Menschheit. Ein systematisches Vertuschungsmanöver eines sogenannt neutralen Landes, das die Geldgier zur Kollaboration mit den Nazis und zur Ableugnung seiner Verantwortlichkeit trieb.» *(Aus einem Spendenaufruf des Präsidenten des WJC, Edgar Bronfman. Das Schreiben wurde verfasst, kurz nachdem WJC und Schweizerische Bankiervereinigung sich geeinigt hatten, «eine Lösung aller Probleme ohne Streit zu erzielen».)* Bundesrat Cotti hat gegen diesen Aufruf und die haltlosen Angriffe im betreffenden Text schriftlich protestiert. *(NZZ, 1. Februar 1997)*

– «Das Buch von Don Waters DIE SCHWEIZ, HITLERS GEHEIMER VERBÜNDETER erbringt den überzeugenden Beweis, dass die winzige, scheinbar unschuldige Schweiz insgeheim für die Nazis eine erstaunlich starke Militärmacht aufgebaut hat, welche auf den Zweiten Weltkrieg einen viel grösseren Einfluss ausgeübt hat, als bisher angenommen.» *(Kramer Rohfleisch, San Diego State University, 1998 aus* NUN LÜGEN SIE WIEDER, *Verlag Rothenhäusler, Stäfa)*

– «Während man einst weltweit der Meinung war, dass der Schweiz kaum je ein Fehler passieren könnte, stellt man

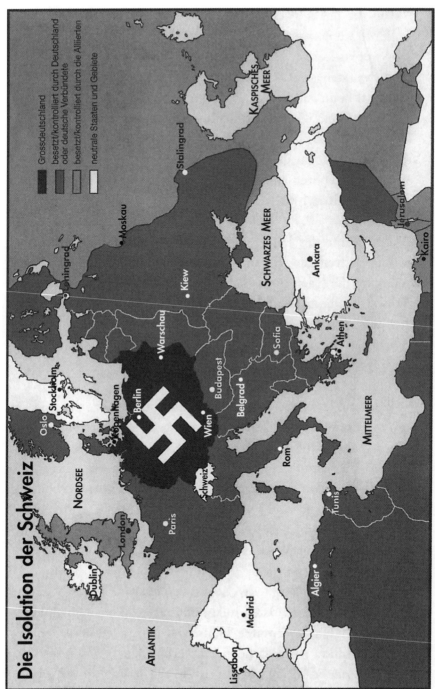

Die Isolation der Schweiz zur Zeit der nationalsozialistischen Machtentfaltung

Die Isolation der Schweiz

Grossdeutschland
besetzt/kontrolliert durch Deutschland oder deutsche Verbündete
besetzt/kontrolliert durch die Alliierten
neutrale Staaten und Gebiete

ATLANTIK
NORDSEE
KASPISCHES MEER
SCHWARZES MEER
MITTELMEER

Lissabon
Madrid
Dublin
London
Paris
Schweiz
Oslo
Stockholm
Kopenhagen
Berlin
Wien
Budapest
Warschau
Belgrad
Sofia
Athen
Rom
Algier
Tunis
Leningrad
Moskau
Kiew
Stalingrad
Ankara
Jerusalem
Kairo

heute fest, dass sie im Grunde nur noch Fehler begeht. Aufgrund der Publikation von Hunderten von belastenden Dokumenten ist die Schweiz zu einer Nation von geldgierigen Bankern, Nazikollaborateuren und Räubern des Eigentums der Holocaustopfer geworden. Konfrontiert mit dieser Wahrheit, gerieten die Schweizer in Panik und verloren am Ende ihre Fassung. Es war diese Reaktion, die ... einen zurücktretenden Präsidenten (Jean-Pascal Delamuraz) seinen guten Ruf und schliesslich das Schweizervolk seine Unschuld kostete.» *(Gregg J. Rickman in* SWISS BANKS AND JEWISH SOULS*)*

– «Die Schweizer sind geldgierige Nutzniesser, Geldwäscher, Hehler, Diebe, Plünderer und Lügner.» *(M.B. Zukerman in* US NEWS AND WORLD REPORT*)*

– «Falls Geld die Quelle allen Übels ist, dann war Hitler das Übel und die Schweiz die Ursache.» *(Michael Hausfeld, NZZ, 28. April 1998)*

– «Die Schweizer sollten herausfinden, welche Dreckskerle ihre Grossväter waren.» *(BBC-Film* NAZIGOLD UND JUDENGELD *in Zusammenarbeit mit dem Schweizer Fernsehen, 1997)*

– Der Vorsitzende der Jewish Agency, Avraham Burg, erklärt, er sei unglücklich, dass es in der Schweiz Leute gebe, die wie (Botschafter) Jagmetti dächten. «Ich spreche nicht nur von den Banken, sondern auch von der Schweizer Regierung.» ... «Die neutrale Schweiz war die Bank der Nazis.» Dazu die NZZ (29. Januar 1997): «Natürlich müssen sich die Schweizer Mitglieder der Volcker-Kommission irgendwann einmal fragen, ob sie mit einem solch zügellosen Polemiker noch am gleichen Tisch sitzen können.»

– «Die Schweizer Regierung war während des ganzen Krieges sehr pro-Nazi. Die Schweizer Presse war mit Pronazi-Artikeln angefüllt. ... Sie unterstützten Hitler. Sie unterstützten das Dritte Reich. Sie unterstützten die Nazi-Siege mit dicken Headlines. Die Niederlage der Nazis war für die Schweizer ein schrecklicher Schock. ... Die Kriegsziele der Schweizer stimmen mit den Kriegszielen der Deutschen überein. Ich habe nie eine folgsamere Truppe gesehen – eine Herde Schafe!» *(US-Historiker Alan Schom, Interview in der* LOS ANGELES TIMES *am 23. August 1998. Schom wurde in der Schweiz durch ein Mitglied der Bergier-Kommission, Prof. Jacques Picard, eingeführt und Schom dankte Picard in seinem Buch für die freundliche Mitarbeit).* Zwei Schreiben des AGG an die Redaktion der LOS ANGELES TIMES mit der Bitte um Berichtigung der Lügen von Schom blieben unbeantwortet. *(Anhang Nr. 19)*

– «Lieber Freund, Wir haben soeben Hitlers geheimes Schweizer Bankkonto aufgefunden. Und der Jüdische Weltkongress hat jetzt bisher sorgfältigst geheimgehaltene Dokumente freigegeben, welche beweisen, dass Schweizer Bankiers noch immer gestohlenes jüdisches Gut verstecken. Unser Forschungsteam hat im weiteren bestätigt: Die Nazis transferierten mehr als sechs Milliarden Dollar gestohlenes Gold in und durch die Schweiz. Das Gold wurde den Zentralbanken europäischer Staaten sowie Juden gestohlen, die in Hitlers Todeslagern zugrunde gingen. Ein Teil des Goldes stammte von den Eheringen, Armbändern und vom Zahngold von Juden. Weitere Güter, welche die Nazis den Juden gestohlen haben, überschreiten im Wert den Betrag von sechs Milliarden Dollar in Gold – es handelt sich um Kunstgegenstände, Bargeld, persönlichen Besitz, Versicherungspolicen und Sicherheiten. Ein Geheimdokument zeigt zum Beispiel, dass allein die von den Nazis gestohlenen Kunstgüter den Wert aller damals in Amerika vorhandenen Kunst überschritten. Und sehr viel von dieser Kunst-Beute nahm seinen Weg durch die Schweiz. *(Auszug aus einem Schreiben des Präsidenten des WJC, Bronfman, an jüdische Gemeinden in den USA und Europa, aus* SCHWEIZERZEIT, *Abdruck des Originals, 11. Juli 1997)*

– Der vom US-Bezirksgericht in New York im September 2000 ernannte «Special master» Judah Gribetz sieht in seinem Verteilungsplan Beiträge (aufgrund des Vergleichs mit den Schweizer Banken) für seinerzeit in der Schweiz zivilinternierte jüdische Flüchtlinge vor, die bei uns «festgehalten, misshandelt oder missbraucht» worden seien! – Der AGG hat in einer Pressemitteilung gegen diesen Vorwurf Protest eingelegt, der ohne Folgen blieb. *(Anhang Nr. 2)*

Der unhaltbare Vorwurf, die Schweiz habe den Krieg verlängert

In seinem Bericht von 1997 erhob der amerikanische Unterstaatssekretär Stuart Eizenstat nicht nur Kritik an unserer Neutralitätspolitik, sondern auch die unerhörte Behauptung, die Schweiz habe durch ihre Zusammenarbeit mit Nazi-Deutschland den Krieg verlängert. Beide Vorwürfe zeugen von einem unentschuldbaren Mangel an Kenntnis der Schweiz, ihrer langen Geschichte, ihrer Politik und ihres Verhaltens während des Zweiten Weltkriegs. Vor seiner «Vorverurteilung» hätte er die schweizerischen Behörden zumindest orientieren und ihnen Gelegenheit zur Stellungnahme einräumen müssen. Eizenstat hat sich damit als staatliches Organ rechtswidrig verhalten und die USA-Regierung ist dafür völkerrechtlich verantwortlich.

Unverantwortlich ist der Vorwurf, die Schweiz habe den Krieg verlängert. Gewiss war der Handel, der im Interesse beider Partner lag, für Nazi-Deutschland von Nutzen, wenn auch nicht von ausschlaggebender Bedeutung. Für unser von den Achsenmächten eingeschlossenes Land war er jedoch lebenswichtig. Ohne die von den Deutschen gelieferten Rohstoffe, vor allem Kohle und Stahl, und ohne die Zulassung von Getreide- und anderen Lieferungen der Alliierten durch die Deutschen hätten wir unsere Ernährung nicht sicherstellen können, wäre unsere Wirtschaft zum Niedergang verdammt und grosse Arbeitslosigkeit die Folge gewesen. Der Umfang des aus der Schweiz ausgeführten Kriegsmaterials nach Deutschland betrug übrigens nicht einmal 1% des Gesamtvolumens der Kriegsaufwendungen des Dritten Reichs.

Abgesehen davon, dass es die Alliierten nach neuesten Erkenntnissen des Historikers Professor Walther Hofer sehr wahrscheinlich in der Hand gehabt hätten, den Weltkrieg zu vermeiden, weiss Eizenstat offenbar nicht, dass es just die USA waren, die durch ihre wirtschaftliche Zusammenarbeit mit den Nazis vor und während des Krieges bis 1941 einen wesentlichen Beitrag zur Finanzierung und Verlängerung des Krieges geleistet haben. Auch haben sie mit Investitionen zur Konsolidierung des Wirtschaftsraumes des Dritten Reichs beigetragen. Die Amerikaner dachten dabei, wie wir heute wissen, auch bereits an die Vorteile, die ihnen die (teils versteckte) Zusammenarbeit mit ihren Tochterfirmen in Deutschland nach dem Kriege bringen könnte. Aber auch britische Unternehmen haben ihre Kartellvereinbarungen mit deutschen Firmen nie aufgelöst, weil sie sich davon Vorteile nach dem Krieg erhofften. All das geschah im Rahmen einer Politik der Unentschlossenheit, der Beschwichtigung und der Versäumnisse der Alliierten, die schliesslich in den Krieg führen musste. Es hätte von Eizenstat erwartet werden dürfen, dass er dieses historische Umfeld in Betracht zieht. Aber auch der Bundesrat hat es unterlassen, die USA auf diese Fakten aufmerksam zu machen.

«Die Haltung der Schweiz im Zweiten Weltkrieg kann nur unter Berücksichtigung des historischen Umfeldes gerecht beurteilt werden. Dieses war 1936–1939 gekennzeichnet durch Aggressivität der deutschen und Passivität der westlichen Politik. Die Folge des ‹Appeasements› Englands, Frankreichs und der USA war der Zerfall aller Sicherheitsschranken, die ungesühnte Missachtung des Völkerrechts und die Untergrabung der internationalen Moral. Sie führte dazu, dass Hitler den von ihm beabsichtigten Krieg unbehelligt entfesseln konnte.» *(Walther Hofer/Herbert R. Reginbogin* HITLER, DER WESTEN UND DIE SCHWEIZ, *NZZ-Verlag, Zürich 2001)*

Natürlich hat sich auch die Schweiz – Behörden und Wirtschaft – gleich wie alle anderen Länder schon im Kriege überlegen müssen, wie das Verhältnis zu Deutschland im Falle eines Sieges Hitlers zu gestalten sei. Es war sogar ihre legitime Pflicht, sich auch mit der Lage nach dem Krieg auseinanderzusetzen.

Der üble Vorwurf Eizenstats ging wie alle anderen Anschuldigungen um die ganze Welt. Er wurde nie berichtigt, und die USA haben sich nie dafür entschuldigt. Unser ängstlicher Bundesrat hat eine solche Entschuldigung auch nie verlangt.

Drei Jahre später, nachdem Eizenstat aus der US-Regierung ausgetreten und in ein Anwaltsbüro eingetreten ist (das auch Schweizer Firmen berät!), bedauerte er die «Missverständnisse», die sich aus seinem Bericht ergeben hätten. «I am sorry!», erklärt er doppelzüngig in einem Interview. (LE TEMPS, 20. April 2001)

Die Clinton-Administration leistet Schützenhilfe

Heute weiss man, dass die verleumderische und erpresserische Kampagne aus den USA nicht allein vom WJC, sondern auch vom damaligen Präsidenten der USA persönlich unterstützt wurde. Präsident Bill Clinton hatte gegenüber dem Weltkongress eine Dankesschuld für substantielle Spenden an seine Wahlkampagne abzutragen. Seine Frau Hillary war zudem als Kandidatin für den Senatssitz New Yorks auf die jüdischen Stimmen angewiesen und erhielt auch ihrerseits umfangreiche Wahlspenden aus diesen Kreisen. Sie setzte sich deshalb bei ihrem Präsidentengatten wiederholt dafür ein, die Schweiz und ihre Banken in die Knie zu zwingen.

Aus der Sicht eines amerikanischen Forschers

«Die eigenartige Erfahrung der Schweiz während des Zweiten Weltkrieges – es gelang ihr, obwohl sie von den Achsenmächten, Nazi-Deutschland und dem faschistischen Italien, völlig umzingelt war, einen gewissen Grad von Unabhängigkeit zu bewahren – lehrt uns manches über die komplexe Bedeutung von Widerstand, Subversion, wirtschaftlicher Erpressung und Neutralität, über das Gleichgewicht der Kräfte und das Gleichgewicht zwischen dem, was ein Volk haben will, und dem, was es erreichen kann. Kurz gesagt: Die Schweizer konnten die Besetzung ihres Landes durch die Nazis dank ihrer militärischen Bereitschaft, ihres politischen Lavierens und den getroffenen wirtschaftlichen Massnahmen abwehren – eine Kombination aus Abwehrhaltung und Kooperation, welche weniger kühler Berechnung entsprang als vielmehr aus internen Interessen-Auseinandersetzungen hervorging. Während des Krieges pflegten alliierte ‹Wirtschaftskrieger› scherzweise zu sagen, die Schweizer arbeiteten während sechs Tagen der Woche für die Achsenmächte, beteten aber am siebenten Tag für einen alliierten Sieg. Sie konnten so witzeln, weil sie um die Realitäten wussten.

In den Jahren 1995 bis 1999 inszenierte die Clinton-Administration mit Unterstützung von Edgar Bronfman, dem milliardenschweren Eigentümer eines Alkohol- und Medienimperiums eine Publizitätskampagne, welche die Rolle der Schweiz im Zweiten Weltkrieg so stark karikierte, dass, wer mit der Wirklichkeit des Krieges nicht vertraut ist, zu gefährlichen Schlussfolgerungen über die Art verführt wurde, wie die Welt funktioniert. Bronfman, zusammen mit seiner Familie der grösste Sponsor der Demokratischen Partei der Vereinigten Staaten sowie Präsident und Financier des WJC, benutzte seine grosse Macht, um den Präsidenten der Vereinigten Staaten, den Vorsitzenden des Bankenkomitees des Senats, ein ganzes Netzwerk von Beamten auf Staats- und Lokalebene, eine ganze Phalanx von Anwälten und die Medien zu gewinnen, um folgende aufsehenerregende Geschichte zu verbreiten: Neue Erkenntnisse zeigten, dass die Schweiz in Wahrheit ein Verbündeter Nazi-Deutschlands gewesen sei, dass das Schweizer

«Sie glaubed gar nöd, wie Höflichkeit entwaffnet»
(Bö 1940 im Nebelspalter)

Volk am Holocaust mitschuldig sei und dass Schweizer Banken Vermögenswerte ermordeter Juden gestohlen hätten. Tatsächlich vermittelte das Ganze allerdings nicht einmal einen Hauch von neuen Informationen. Dennoch gelang es Bronfman, die zwei grössten Schweizer Banken, die in den Vereinigten Staaten zusammen pro Jahr ungefähr vier Milliarden Dollar Gewinn erzielen, davon zu überzeugen, dass sie in New York City erst wieder Geschäfte machen könnten, wenn sie ihm eine grosse Menge Geld zur Verfügung stellten. Sobald diese beiden Banken am 12. August 1998 eingewilligt hatten, verteilt über drei Jahre gut 1,25 Milliarden Dollar vorwiegend an Herrn Bronfmans Organisationen abzuliefern, wurde die Öffentlichkeitskampagne schlagartig gestoppt. Diese und das Handeln der Schweiz im Zweiten Weltkrieg verblassten.» *(Aus Angelo M. Codevilla,* EIDGENOSSENSCHAFT IN BEDRÄNGNIS, DIE SCHWEIZ IM ZWEITEN WELTKRIEG UND DIE AUFARBEITUNG DER GESCHICHTE, *Schaffhausen 2001)*

Aus dieser Sicht wird auch die Rolle klar, die das State Department (Madeleine Albright, Stuart Eizenstat, Madeleine Kunin), die Justiz (Bundesrichter Edward Korman) sowie Staat und Stadt New York (Alan Hevesi, Alfonse D'Amato) in dieser von höchster Stelle mitorchestrierten Kampagne spielten. Die Zusammenarbeit zwischen Jüdischem Weltkongress und Weissem Haus lässt auch ahnen, in welch politisch prekärer Lage sich die kleine Schweiz angesichts dieser geballten Kraft der Weltmacht No.1 und des starken jüdischen Einflusses befand.

Offener Brief an die Botschafterin der USA in der Schweiz

Die amerikanische Botschafterin in der Schweiz, Madeleine Kunin, spielte in der Auseinandersetzung eine fragwürdige Doppelrolle. Einerseits war ihre «Schützenhilfe» für den Jüdischen Weltkongress – wohl aufgrund ihrer Instruktionen aus

Washington – offenkundig. Andererseits versuchte sie, wenn auch ohne grossen Erfolg, die Empörung im Schweizervolk unter Anrufung des gegenseitigen Verständnisses der beiden «Schwesterrepubliken» zu beruhigen. Der AGG hat ihr seinen Standpunkt erläutert.

Bern, den 24. Juni 1998

Sehr geehrte Frau Botschafterin
Der «Arbeitskreis Gelebte Geschichte (AGG)» ist eine politisch und konfessionell unabhängige Gruppe besorgter Schweizerinnen und Schweizer, die in der Diskussion über die Haltung ihres Landes im Zweiten Weltkrieg ihr persönliches Erleben und die rechtlichen und völkerrechtlichen Aspekte zur Geltung bringen wollen. Dadurch soll der Verunsicherung des Schweizervolkes entgegengetreten werden.
Hauptgrund dieses Schreibens ist die Feststellung, dass sich infolge der Verunglimpfung der Schweiz von Seiten amerikanischer und internationaler jüdischer Organisationen, teilweise sekundiert von offiziellen Instanzen der USA, leider nicht nur ein zunehmender Antisemitismus, sondern auch ein unglücklicher Antiamerikanismus abzuzeichnen beginnen. Ganz besonders alarmierend ist der Umstand, dass sich unter dem Einfluss der Angriffe jüdisch-amerikanischer Organisationen, abgesehen vom latent vorhandenen Antisemitismus, ein neuer Antisemitismus breitzumachen beginnt, der Bevölkerungsschichten erfasst, die bisher für ein gutes Einvernehmen zwischen Juden und Nichtjuden eingetreten sind.
Sollte es nicht gelingen, diese bedauerliche Entwicklung aufzuhalten, wird nicht nur die jahrhundertealte Freundschaft zwischen den Schwesterrepubliken USA und Schweiz in Mitleidenschaft gezogen, sondern auch dem Zusammenleben zwischen Juden und Nichtjuden in der Schweiz schwerer Schaden zugefügt. Für das Schweizervolk ist die Grenze des Erträglichen überschritten, und wir lassen unsere nationale Würde nicht länger mit Füssen treten.
– Freiheit, Unabhängigkeit, Recht, Gerechtigkeit und Menschenrechte sind Werte, die für die Schweiz ebenso wichtig sind wie für die USA. Sie basieren auf Grundsätzen der Rechtstaatlichkeit und des Völkerrechts, die in der bisherigen

25

Diskussion von unsern Gegnern sträflich vernachlässigt wurden. Das Recht darf nicht nach Belieben durch irgendwelche Moralnormen verdrängt werden. Und wenn schon von Moral die Rede ist, stellt sich die Frage: welche Moral? Im übrigen sind Ereignisse des Zweiten Weltkrieges nicht mit dem Massstab der heutigen, sondern der damaligen Moral und des damaligen Rechtsempfindens zu beurteilen.

– Aus dem völkerrechtlichen Grundsatz der souveränen Gleichheit aller Staaten ergibt sich das Verbot fremdstaatlicher Einmischung in interne Angelegenheiten eines andern Staates.

– Die Schweiz hat im Zweiten Weltkrieg ausschliesslich das völkerrechtliche Grundprinzip der Selbstbehauptung, Wahrung der eigenen Existenz und Sicherung von Leben und Freiheit des Volkes beansprucht. Der konsequenten Politik unserer damaligen Regierung und der Kampfbereitschaft unserer Armee, unterstützt von der Sympathie der grossen Mehrheit des Schweizervolkes für die Sache der Alliierten, ist es zu verdanken, dass die Existenz unseres Volkes einschliesslich seiner jüdischen Mitbürger gesichert war und zahlreichen, in erster Linie jüdischen Flüchtlingen, sowie Internierten alliierter Streitkräfte das Überleben ermöglicht wurde.

– Völkerrechtsverletzungen sind unserer Regierung während dieser Zeit nicht nachzuweisen. Ein Blick auf die Karte Europas von 1938–1945 zeigt die damalige Bedrohung unseres Landes, wobei die Einkreisung durch nationalsozialistisch-faschistische Kräfte nicht zuletzt auf das Versagen der Grossmächte zurückzuführen ist. Die völkerrechtlichen Pflichten gehen keinesfalls bis zur Selbstvernichtung eines Staates. Aber auch andere bewährte völkerrechtliche Grundsätze scheinen in der Diskussion in Vergessenheit geraten zu sein, so etwa das Prinzip, dass zur Beilegung von zwischenstaatlichen Differenzen völkerrechtliche Verfahrensregeln bestehen.

– Die Schweiz bekennt sich seit 1815 zur dauernden und bewaffneten Neutralität. Diese Maxime kann nicht nach Belieben aufgegeben werden und verpflichtet uns, den Missbrauch des neutralen Hoheitsgebiets durch Konfliktparteien zu verhindern. Dies hat die Schweiz 1940 durch den Abschuss deutscher Flugzeuge bei Luftraumverletzungen getan. Dank ihrer Neutralität war es der Schweiz auch möglich, während des Zweiten Weltkrieges als Schutzmacht die Interessen von mehr als 40 Staaten, darunter die USA, in Deutschland zu vertreten.

– Wir haben, abgesehen von einzelnen Fehlleistungen, tatsächlich keinen Grund, uns vom Verhalten während des Zweiten Weltkrieges zu distanzieren. Dank der damals verantwortlichen Generation liess sich das legitime Ziel realisieren, nicht in den Krieg verwickelt zu werden. Winston Churchill hat dies als Zeitgenosse verstanden und die Haltung unseres neutralen Staates ausdrücklich gewürdigt.

– Was Forderungen gegenüber privaten schweizerischen Institutionen betrifft, so sind solche, soweit berechtigt, korrekt zu bereinigen, nicht aber darüber hinausgehende erpresserische Forderungen wie Sammelklagen und Boykottdrohungen zu akzeptieren.

– Ein letzter Hinweis: Einem Kleinstaat wie der Schweiz bleibt damals wie heute nichts anderes übrig, als sich an die bewährten Grundsätze des Völkerrechts zu halten und von der stärkeren Gegenpartei zu erwarten, dass auch sie sich als respektiertes Mitglied der Völkergemeinschaft an diese Prinzipien hält. Das Recht ist in der Auseinandersetzung mit dem Starken und Mächtigen der beste Freund des Kleinstaates. Aus dieser Sicht dient das Recht schlussendlich auch dem Mächtigen.

– Unsere Überlegungen werden von einem überwiegenden Teil des Schweizervolkes geteilt, und die Empörung der «schweigenden Mehrheit» über die unzumutbaren Verunglimpfungen ist nicht mehr zu übersehen.

Wir hoffen, mit diesen Hinweisen einen nützlichen Beitrag zum traditionell guten Einvernehmen zwischen unsern beiden Ländern zu leisten, danken Ihnen für Ihr freundliches Verständnis und versichern Sie, sehr geehrte Frau Botschafterin, unserer vorzüglichen Hochachtung

Arbeitskreis Gelebte Geschichte

(Antwort von Frau Botschafterin Kunin siehe Anhang Nr. 3)

Andere Stimmen aus den USA und England

– Der Krieg war noch im Gange, als Winston Churchill in einem Telegramm an seinen Aussenminister Anthony Eden schrieb: «Von allen Neutralen hat die Schweiz den grössten Anspruch auf Wertschätzung. Sie war die einzige internationale Kraft, welche die scheusslich getrennten Nationen mit uns verband. Was spielt es da für eine Rolle, ob die Schweiz in der Lage war, uns die Handelsvorteile zu geben, die wir wünschten, oder ob sie den Deutschen zu viele gab, um das eigene Leben zu bewahren? Sie war ein demokratischer Staat, der in seinen Bergen für Freiheit und Selbstverteidigung stand, und trotz ihrer ethnischen Zugehörigkeit hat die Schweiz gesinnungsmässig grösstenteils unsere Partei ergriffen.» *(Diese Aussage hielt der britische Kriegspremier auch in seinen* MEMOIREN, *Bd. VI, Erster Teil, S. 437, fest.)*

– 1943 schrieb Walter Lippmann, der damals wohl führende Journalist der USA in der NEW YORK HERALD TRIBUNE in einem Artikel, das Aussergewöhnliche an der Schweiz sei, dass sie ... «eine Armee hat, die einer Invasion Widerstand leisten würde, dass ihre Grenzen verteidigt werden, dass ihre freien Institutionen weiterhin funktionieren und dass es weder einen schweizerischen Quisling noch einen schweizerischen Laval gegeben hat. Die Schweizer sind sich selber treu geblieben, selbst in den dunkelsten Tagen der Jahre 1940 und 1941, als es schien, nur noch die Tapferkeit der Briten und der blinde Glaube der freiheitsliebenden Menschen andernorts stehe zwischen Hitler und der Schaffung einer neuen totalitären Ordnung in Europa. Wenn jemals die Ehre eines Volkes auf dem Prüfstand war, dann jene der Schweiz, und sie hat diesen Test der Ehre hier und dort bestanden! Wie leicht wäre es doch für sie gewesen, einfach zu sagen, wir müssen uns schleunigst der Neuen Ordnung unterziehen. Nein, die Schweiz hat die Stiefel des Eroberers Europas nicht geleckt! Ihre Freiheitsliebe muss stark und tief sein, denn kein weltlich-materielles Kalkül kann das Verhalten der Schweiz erklären!» *(Stephen P. Halbrook,* DIE SCHWEIZ IM VISIER, *1999, S. 218)*

3. Aussenpolitik auf dem Prüfstand

Konfliktungewohnte Schweiz – überforderter Bundesrat

Die Schweiz war während Jahrzehnten das Lieblingskind und der Musterknabe der Völkergemeinschaft. Man klopfte uns überall auf die Schulter: die schöne, die friedliche, die politisch und wirtschaftlich solide und stabile, die erfolgreiche Schweiz!

Wen wundert es deshalb, dass das konfliktungewohnte Land angesichts der unerwarteten und raffinierten jüdisch-amerikanischen Angriffe schwer erschüttert und der Bundesrat, von den Ereignissen überrascht, nervös und verunsichert wurde. Ungewohnt war vor allem die Aggressivität und Unverschämtheit der Gegner. Anstatt den Angriffen von Anbeginn mit Entschiedenheit und Würde zu begegnen, reagierte der Bundesrat mit Erklärungen, die nicht aufeinander abgestimmt waren, mit Demutsgesten, demonstrativem Schuldbewusstsein und Entschuldigungen.

«Nach den ersten ängstlichen Reaktionen des Bundesrats auf die Erpressungsversuche aus den USA frage ich mich, ob Eure Regierung nicht umgehend einige Klassiker amerikanischer Wildwestfilme ansehen sollte, zum besseren Verständnis, wie man mit den Amerikanern umgehen muss.»
(Aus einem Schreiben eines amerikanischen Freundes der Schweiz. New York, 1997)

Eine weitere Schweizer Schwäche: das Bedürfnis nach Harmonie

Die Verhandlungsstrategie des Bundesrates wurde sehr wahrscheinlich durch einen weiteren typischen schweizerischen Charakterzug unserer Aussenpolitik mitbestimmt: das starke Bedürfnis nach Harmonie. Man geht Konfliktrisiken tunlichst aus dem Weg und sucht, oft verkrampft, nach einer Einigung. Damit spielt man jedoch dem cleveren, machtbewussten und rücksichtslosen Gegner die guten Karten zu und schwächt gleichzeitig die eigene Position.

Das Harmoniebedürfnis und die oft damit verbundenen «Eiertänze» wurden zudem noch durch die verständliche Empfindlichkeit der jüdischen Gesprächspartner akzentuiert, auf die Rücksicht nehmen zu müssen, man allzu oft glaubte.

Das Streben nach Harmonie ist ein Produkt der schweizerischen Konkordanzpolitik, unserer Form der Demokratie, und kommt unserer Aussenpolitik und anderen internationalen Bereichen wie Vermittlung, Gute Dienste, Einsatz für Recht und Ordnung, immer wieder zugute und wird im internationalen Rahmen auch sehr geschätzt. Das Harmoniebedürfnis wird jedoch zur Schwäche, wenn es um die Verteidigung berechtigter und lebenswichtiger eigener Interessen geht.

Zeichen der Unsicherheit und Unterwürfigkeit

Wie sehr der Bundesrat die Gefahren der explosiven Situation unterschätzte und wie verunsichert und unentschlossen er war, mögen einige Beispiele zeigen:

– Man wagte es nicht, den WJC aufzufordern, mit seinem Anliegen auf dem diplomatischen Wege über die Regierung der USA an die Schweiz zu gelangen. Stattdessen pilgerte Bundesrat Cotti wie ein privater Bittsteller zum Präsidenten des Weltkongresses in New York in dessen Hauptquartier. Ein «Gang nach Canossa»! Nach diplomatischer Gepflogenheit hätte Bundesrat Cotti Bronfman auf der Schweizerischen Botschaft in Washington oder im Generalkonsulat in New York empfangen sollen!

– Weshalb wurde die amerikanische Kritik an unserer Neutralität und der Vorwurf, wir hätten den Krieg verlängert, nicht mit der Forderung beantwortet, diese offensichtlich unhaltbaren und beleidigenden Vorwürfe richtigzustellen und sich zu entschuldigen oder sie zu belegen?

- Die Task-Force Schweiz – Zweiter Weltkrieg wurde erst ein Jahr nach den ersten Alarmzeichen aus den USA geschaffen.

- Erst zu dieser Zeit fand in Bern auch die erste Zusammenkunft aller interessierten Chefbeamten und schweizerischen Botschafter statt, bei der es um die Festlegung einer Abwehrstrategie ging. Aussenminister Cotti nahm an dieser ausserordentlich wichtigen Sitzung nur kurze Zeit teil.

- Der schweizerische Botschafter in den USA blieb, mangels einer kompakten Strategie, während längerer Zeit ohne klare Instruktionen aus Bern. Oft fiel es ihm auch schwer, in Bern einen kompetenten Ansprechpartner zu finden.

- Der Bundesrat war zunächst der Meinung, es handle sich ausschliesslich um ein Problem der Schweizer Banken und erkannte anfänglich nicht, dass die Schweiz als Ganzes herausgefordert war. Entsprechend einseitig war seine Abwehr.

- Indem der Bundesrat 1996 eines seiner Mitglieder, Bundespräsident Delamuraz, das zurecht von «Erpressung» sprach, zu einer Art Entschuldigung nötigte, gab er den Gegnern in den USA, wie die Reaktionen in Washington zeigten, ein klares Zeichen seiner Schwäche.

- Auch die Forderung des EDA, Botschafter Jagmetti solle sich entschuldigen (eine Forderung, auf die Jagmetti mit seinem vorzeitigen Rücktritt reagierte), wurde in den USA als weiteres Zeichen der Schwäche und Unterwürfigkeit des Bundesrats interpretiert. Kein Wunder, dass sich die Gegner in den USA angesichts dieser Schwächen des Bundesrats zu immer neuen Provokationen ermutigt fühlten.

- Verhalten und Erklärungen einzelner Bundesräte liessen hie und da berechtigte Zweifel aufkommen, ob und wie gut sie die Schweizergeschichte des Zweiten Weltkriegs und die betreffenden Publikationen kennen, etwa den Neutralitätsbericht von Prof. Edgar Bonjour und den Flüchtlingsbericht von Prof. Carl Ludwig.

Nach den Besuchen Bundesrat Cottis beim Präsidenten des Jüdischen Weltkongresses, Bronfman, und im US-Aussenministerium:

– «Wenn der Bundesrat mich als bissigen Hund betrachtet, der die Schweizer jederzeit anfallen könnte, so ist das perfekt. Ich kann mich an den Besuch des schweizerischen Aussenministers erinnern: der Mann war richtiggehend nervös. Offenbar glaubte er, ich habe Hörner.» *(Bronfman, Kanadisches Magazin MacLean's, 9. Juni 1997, zitiert in SCHWEIZERZEIT, 11. Juli 1997)*

– «Mit diesem Aussenminister verliere ich keine Zeit mehr!» *(US-Aussenministerin Madeleine Albright, nach dem Besuch Bundesrat Cottis, Insider-Information aus dem State Department)*

– «Wer das Geld bezahlt, ist mir gleichgültig. Bedingung ist aber, dass es nicht zu einer Volksabstimmung über den Betrag kommt.» *(Bronfman zur Forderung des WJC, NZZ, 2. Dezember 1997)*

– «Eine bekannte und prominente Schweizer Persönlichkeit wäre uns als Vermittler lieber gewesen als ein junger unbekannter Botschaftsrat.» *(Ein Mitarbeiter des WJC nach der Schaffung der Task-Force in Bern unter der Leitung von Botschafter Thomas Borer, gegenüber einem Auslandschweizer in New York)*

– «Wir wussten nie genau, für wen Task-Force-Chef Borer, aber auch Mitglieder der Regierung, des EDA und der Schweizer Botschaft sprachen, für den Bundesrat? Für die Banken? Für sich persönlich?» *(Beamter des US-State Departments)*

«Die Strasse, die der Neutrale geht, ist mit Eiern gepflastert»
(Bö 1940 im Nebelspalter)

Weltmacht zwingt Kleinstaat in die Knie

Nach dem Zweiten Weltkrieg hat sich unsere Aussenpolitik allzu lange (fast «traditionsgemäss») mehr auf Europa als auf die USA konzentriert. Immerhin wurden in den vergangenen Jahrzehnten erhebliche Anstrengungen unternommen, Kenntnis und Verständnis zwischen den beiden «Schwester-Republiken» USA und Schweiz zu fördern. Alle diese Bemühungen reichten indessen offensichtlich nicht aus, eine zwischenstaatliche Atmosphäre und persönliche Beziehungen zwischen Mitgliedern der beiden Regierungen zu schaffen, die erlaubt hätten, den Konflikt um die nachrichtenlosen Vermögen in freundschaftlichem Einvernehmen zu lösen.

Statt dessen hat sich die Weltmacht USA über Völkerrecht und diplomatische Gepflogenheiten hinweggesetzt, um den Kleinstaat Schweiz und seine Banken in die Knie zu zwingen. Ein Lehrstück für die Zukunft!

Machtpoker nach amerikanischen Regeln

«... Amerika steht im Mittelpunkt eines ineinandergreifenden Universums, in dem die Macht durch dauerndes Verhandeln, im Dialog, durch Diffusion und in dem Streben nach offiziellem Konsens ausgeübt wird, selbst wenn diese Macht letztlich von einer einzigen Quelle, nämlich Washington D.C., ausgeht. Das ist auch der Ort, wo sich der Machtpoker abspielt, und zwar nach amerikanischen Regeln. Vielleicht das grösste Kompliment, mit dem die Welt anerkennt, dass im Mittelpunkt amerikanischer globaler Hegemonie der demokratische Prozess steht, ist das Ausmass, in dem fremde Länder in die amerikanische Innenpolitik verwickelt sind...» *(Zbigniew Brzezinski, Sicherheitsberater von Präsident Jimmy Carter, 1997)*

Unsere desolate Lage wurde schliesslich noch dadurch belastet, dass die angegriffenen Schweizer Banken nicht immer politisch-psychologisches Geschick zeigten und das nötige aussenpolitische und geschichtliche Bewusstsein vermissen liessen. Vor diesem Hintergrund beschloss der Bundesrat überstürzt, die Unabhängige Expertenkommission (UEK) zu bestellen. Unter dem Erwartungsdruck der jüdischen Organisationen, der USA, Israels und von Schweizer Juden einerseits und der Forderung nach objektiver Darstellung anderseits öffnete sich ein weites Minenfeld!

Vom Mut, auf Granit beissen zu lassen

«Einem kleinen Land wie die Schweiz wird nichts geschenkt. Es muss für seine Interessen kämpfen und sich gegen die Stärkeren und Mächtigen zur Wehr setzen, flexibel, fair und kompromissbereit. Unsere besten Verbündeten sind und bleiben, in jeder Auseinandersetzung, das Recht und die Glaubwürdigkeit. Wenn es jedoch um das Wesentliche geht, muss man den Mut haben, den Gegner auf Granit beissen zu lassen.» *(Minister Walter Stucki, Delegationschef Washingtoner Abkommen, 1946)*

«Befreiungsschlag» Solidaritätsstiftung

Hätte es noch eines Beweises bedurft, wie nervös und verunsichert der Bundesrat zu dieser Zeit war, so wurde er durch Bundespräsident Arnold Koller erbracht, der im Frühjahr 1997 in der Bundesversammlung unvermittelt das unausgegorene und auch im Bundesrat umstrittene Projekt einer Schweizerischen Solidaritätsstiftung ankündigte. Das Projekt war offensichtlich als «Befreiungsschlag» gedacht, wurde von jüdisch-amerikanischer Seite jedoch umgehend als klares Zeichen von Schuldbekenntnis und Sühnebereitschaft interpretiert und weltweit in den Medien zum Schaden der Schweiz ausgeschlachtet. Die Idee war damit schon in der Startphase kontraproduktiv und für die Mehrheit des Schweizervolkes in dieser Form unannehmbar.

Auch wenn das Projekt (mit welch anderer Zielsetzung auch immer) verwirklicht werden sollte, wird uns jede Aktion dieser Stiftung die Demütigung in Erinnerung rufen, die das Schweizervolk zu erleiden hatte. Alte Wunden werden wieder aufgerissen und ungute Gefühle wiederbelebt. (Diese Stiftung ist nicht zu verwechseln mit dem für Opfer des Holocaust in Osteuropa bestimmten Solidaritätsfonds, der von Schweizer Banken und Industrie geäufnet wurde und zu dem die Nationalbank 100 Millionen Franken aus dem Volksvermögen beitrug.)

Falls das umstrittene Projekt vom Schweizervolk angenommen wird, muss jedenfalls verhindert werden, dass durch die Hintertüre Ideen der «Wiedergutmachung» eingeschleust werden, wie sie in der Diskussion um die nachrichtenlosen jüdischen Vermögenswerte vorgeschlagen wurden.

Der schweizerische Botschafter in den USA geht

Der schweizerische Botschafter in Washington, Carlo Jagmetti, warnte Bundes-Bern rechtzeitig vor der Kampagne gegen die Schweiz, lieferte wertvolle Informationen und machte Vorschläge für ein Abwehrkonzept. Er benützte jede Gelegenheit, Bundesrat Cotti und andere Bundesräte auf die bedrohliche Lage aufmerksam zu machen. Unser «Frühwarnsystem» in den USA funktionierte ausgezeichnet, doch Bern schien sich der Gefahr nicht bewusst zu sein.

Ende Januar 1997 platzt mitten in einer der kritischsten Phasen des Konflikts eine Indiskretion, die der Schweiz schweren Schaden zufügt: ein vertraulicher Bericht von Botschafter Jagmetti an den Chef EDA wird der Presse (SONNTAGSZEITUNG) zugespielt. Insbesondere der Rat des Botschafters, die Schweiz müsse «diesen Krieg letztlich gewinnen», führt zu Kritik und Empörung in amerikanischen und schweizerischen Kreisen.

Anstatt sich nun hinter seinen Botschafter zu stellen, fordert Bundesrat Flavio Cotti ihn auf, sich in aller Form öffentlich zu entschuldigen. Jagmetti, der sich zu Recht keiner Schuld bewusst ist, widersetzt sich diesem Ansinnen und tritt zurück. Anstelle des erfahrenen Berufsdiplomaten wird der Bundesrat Cotti nahestehende Alfred Defago, Generalkonsul in New York, ohne grosse Verhandlungserfahrung im Ausland, Botschafter in Washington. Auf dem Höhepunkt des Konflikts wird «das Pferd gewechselt», die Position der Schweiz zusätzlich geschwächt.

Hätte der Bundesrat rechtzeitig auf seinen Botschafter in Washington gehört und entsprechend reagiert, wäre viel Schaden vermieden worden. Wer den vertraulichen Bericht Jagmettis im EDA oder in der Umgebung des Bundesrates der SONNTAGSZEITUNG zugespielt hat und damit für eine gravierende Indiskretion verantwortlich ist, weiss man bis heute noch nicht oder wurde der Öffentlichkeit vorenthalten. Wurde Jagmetti das Opfer schweizerischer Intrigen oder der langen Hand amerikanischer Kreise, die den kämpferischen Botschafter eliminieren wollten? Weshalb hatte die NEW YORK TIMES schon am Tage vor der Publikation der Indiskretion davon Kenntnis?

Die Indiskretion hat, in kritischer Zeit, auch dem diplomatischen Dienst schweren Schaden zugefügt. Botschafter, die wissen, dass in der Zentrale ein Leck besteht, informieren Bern in Zukunft mit Zurückhaltung, womit die offene, kritische und mutige Information und Stellungnahme, die in Krisen für den Bundesrat besonders wichtig sind, in Frage gestellt werden.

Aus der Sicht des Botschafters (Carlo Jagmetti, ehemaliger schweizerischer Botschafter in den USA)

Geplagt von Zweifeln an sich selbst und von Ratlosigkeit gegenüber den grossen aussenpolitischen Herausforderungen der Sicherheitspolitik und der Gestaltung des Verhältnisses zur Europäischen Union wurde die Schweiz 1996 recht unvermittelt mit der Krise in den Beziehungen zu den Vereinigten Staaten von Amerika konfrontiert. Was sich da von der einzigen Supermacht der Welt her über die Schweiz ergoss, stellte ein Novum dar, mit dem man ganz einfach nicht umzugehen wusste. Die politische «Führung» und die Verwaltung und auch wichtige Kreise der Wirtschaft wollten einfach nicht wahrhaben, was aus Washingtoner Sicht seit Beginn des Jahres 1996 als eine immer bedrohlicher werdende und weitgreifende Auseinandersetzung zu erkennen war. Für den Bundesrat handelte es sich schlicht um ein Problem der herrenlosen Vermögenswerte und damit der Banken.

Nach der Einsetzung der Volcker-Kommission schien für die Landesregierung noch im Sommer 1996 der Weg zu einer befriedigenden Regelung vorgezeichnet. Erst im Herbst kam es mit der Einsetzung der Task-Force, die bei richtiger Behandlung durch die vorhandenen Stellen gar nicht erforderlich gewesen wäre und die eine mehrwöchige Organisations- und Einarbeitungszeit benötigte, zu etwas Systematik. Die Bestellung der Bergier-Kommission erfolgte gar erst gegen Jahresende. Aber auch dann gab es noch keine Gesamtstrategie. Ein Beispiel für diesen Mangel lieferten die von verschiedenen Seiten vorgebrachten Vorschläge zur Schaffung eines Fonds, dank dem man möglicherweise ohne Präjudiz und mit Aussicht auf eine ruhigere Gangart den Forderungen aus Amerika hätte begegnen können. Der Bundesrat liess sich immer wieder dahin vernehmen, dass die allfällige Bereitstellung irgendwelcher Mittel höchstens nach Vorliegen der Ergebnisse der historischen Abklärungen in Frage kommen könnte. Im Januar 1997 änderte der Bundesrat plötzlich seine Ansicht vollständig; die Initiative lag aber bei den Banken, wie ja schon bei der Einsetzung der Volcker-Kommission. Bei der späteren Vereinbarung über die Zahlung von 1,25 Milliarden Dollar handelten ja auch die Banken und nicht etwa der Staat, für den die Banken Ablass erwirkten...

Anlässlich von Besuchen in den USA und bei Begegnungen in der Schweiz zeigten sich Bundesräte und andere Politiker durchaus empfänglich für Darstellungen der Lage und der impliziten Gefahren. All dies wurde aber nicht umgesetzt, und die Berichterstattung aus Washington wie auch aus andern Hauptstädten wurde offensichtlich nicht ernst genug genommen. In diesem Zusammenhang sei aus einem TAGES-ANZEIGER-Artikel vom 28. Oktober 1996 folgender Passus zitiert: *«Schon die Ernennung von Cottis Troubleshooter Thomas G. Borer zum Leiter des departementsinternen Sonderstabes war am Freitag ein Hinweis darauf, dass das federführende Aussenministerium künftig selbstbewusster und entschlossener auftreten will. Cotti selber begründete die Ernennung damit, «dass wir in den letzten Tagen von der Entwicklung überrumpelt worden sind – und das soll mit der von Borer gemanagten Task-Force nicht mehr passieren»».*

Als Erklärung für den Mangel an Wahrnehmung der Nachrichten aus den USA durch das EDA wurde mitunter die grosse Belastung durch die mit dem Vorsitz der OSZE verursachte Arbeit angeführt. Ist es tatsächlich möglich, dass ein Aussenministerium mit um die 2000 im Ausland und an der Zentrale tätigen Mitarbeitern nicht den Vorsitz in einer internationalen Organisation führen kann, ohne andere Aufgaben zu vernachlässigen? Dies zu akzeptieren würde der Ausstellung eines katastrophalen Zeugnisses für das EDA gleichkommen. Gleiches gilt übrigens auch für andere Departemente, denn die Verantwortung lag ja beim Bundesrat. Der Fehler darf wohl nicht den Institutionen an sich angelastet werden, sondern ist vielmehr im mangelnden Willen an Nachrichtenaufnahme und im ungenügenden Urteilsvermögen gewisser Personen zu suchen.

Auch wenn später der «Milliardendeal» und der Wechsel der amerikanischen Administration für Beruhigung gesorgt haben, bleibt doch der bittere Geschmack eines schlechten «handlings» der Krise, in der die Schweiz – im Gegensatz zum Überleben in andern Stürmen des 20. Jahrhunderts – beträchtlich an Ehre und Würde eingebüsst hat.

Plünderer?

– «Der Rücktritt Botschafter Jagmettis kann die Realität,
die täglich klarer wird, bezüglich der Schweizer Rolle
beim Plündern der Erbschaft des jüdischen Volkes im
besonderen und bei der Unterstützung des Nazi-Regimes
im allgemeinen nicht ändern.» *(YEDIOT AHRONOT, Israelische Zeitung / Presseamt der Regierung Israels, NZZ,
29. Januar 1997)*

– «In Interviews hat Bronfman mit sichtlichem Vergnügen
berichtet, er habe mit allen Tricks, manchmal auch mit
Halbwahrheiten gearbeitet, um die Schweizer Banken zu
einer Entscheidung zu zwingen.» *(FRANKFURTER ALL-
GEMEINE ZEITUNG, 19. Juni 2000)*

Es bleibt zu hoffen, dass der heutige Bundesrat mit Blick auf
die Zukunft und kommende Krisen die Konsequenzen aus
diesen leidigen Erfahrungen zieht und die nötigen Reformen,
vor allem im Bereich seiner Führungsstrukturen, an die
Hand nimmt. Bei der Stellungnahme zum Schlussbericht der
UEK, der im Frühjahr 2002 erscheinen soll, ergäbe sich die
günstige Gelegenheit, auch diese Aspekte einer vertieften
Prüfung zu unterziehen. Die nächste Krise kommt bestimmt!

Wachmann Meili – willfähriges PR-Instrument in den USA

Wachmann Meili hatte bekanntlich als Angestellter der
Bewachungsgesellschaft der UBS, unter Verletzung seines
Wachbefehls und der Geheimhaltungspflicht, Akten entwen-
det und sie der Israelitischen Cultusgemeinde in Zürich
übergeben. Nachdem er sich in die USA abgesetzt hatte, wurde ein Verfahren der Zürcher Gerichtsbehörden gegen ihn
eingestellt, weil die entwendeten Akten mit nachrichtenlosen
Vermögen überhaupt nichts zu tun haben.

Zur gleichen Zeit, in der US-Vizepräsident Gore und Bundespräsidentin Dreifuss sich in Davos anlässlich des «World Economic Forum» in Freundschaftsbezeugungen ergingen, wurde Wachmann Meili, von jüdischen Kreisen finanziert, in den USA von Veranstaltung zu Veranstaltung gebracht, an denen vor amerikanischer Prominenz aus Politik, Wirtschaft und Kultur die bekannten infamen Lügen und Verleumdungen über die Schweiz noch und noch wiederholt wurden. Meili liess sich als «Held des Jahrhunderts», «Held aller Zeiten» feiern, nahm Checks entgegen, eröffnete «Meili-Tage» und half den jüdischen Kreisen, die ihn aushalten, happige Spenden zu sammeln. Er diffamierte somit die Schweiz zu einem Zeitpunkt, als Bundesrätin Dreifuss erklärte, die Lage habe sich normalisiert. *(Anhang Nr. 4, Schreiben des AGG an Bundespräsidentin Ruth Dreifuss vom 11. März 1999)*

Die jüdischen Organisationen, die diese PR-Aktion führten, verstanden es geschickt, auch christliche Organisationen – im Zeichen der jüdisch-christlichen Solidarität – einzubeziehen.

Auch die Clinton-Administration zeigte sich erkenntlich und regelte Meilis Aufenthalt in den USA umgehend. Meili wurde sogar vom US-Senat empfangen. Die Zusammenarbeit zwischen amerikanischen Behörden und jüdischen Organisationen klappte einmal mehr nahtlos.

Im Juli 2001 vollzieht Meili plötzlich eine Wende und greift seine Wohltäter in den USA an. Er habe «genug vom jüdischen Getue» und «ihren Manipulationen». «Wir wurden viel gebraucht und missbraucht.» Er wolle sein Geld (eine Million, die man ihm offenbar versprochen hatte) und seine Ruhe. Er finde das eine «Schweinerei» *(BLICK, 23. Juli 2001)*. Tags darauf entschuldigt er sich für seinen Angriff.

Die jüdische Solidarität

Der lange Leidensweg des jüdischen Volkes durch die Jahrhunderte, die Identifikation mit Israel in seinem Existenzkampf, spezifische Zukunftsängste und weitere Faktoren haben eine Solidarität geschaffen, mit der in jedem Konflikt – etwa im Nahostkonflikt – zu rechnen ist.

Dieser «Automatismus der Solidarität» spiegelte sich auch in der Auseinandersetzung des Jüdischen Weltkongresses mit der Schweiz, beispielsweise im Einsatz der äusserst wirksamen jüdischen Lobby in den USA, die mittels ihrer Finanzkraft, der unter ihrem Einfluss stehenden Medien und ihrer persönlichen Beziehungen zur Clinton-Administration bis hinauf zum Präsidenten, dem WJC «Schützenhilfe» leistete. Es überrascht deshalb auch nicht, dass selbst in einer israelischen Tageszeitung ungeniert vom «loyalen jüdischen Hofstaat des (amerikanischen) Präsidenten» die Rede ist.

Unverkennbar sind bei dieser Solidarität die Spannungsfelder einer doppelten Loyalität (gegenüber nationalen und jüdischen Interessen), die sich immer wieder als Störfaktor erweisen. Auch wenn anerkannt werden muss, dass Solidarität und Loyalität innerhalb der jüdischen Gemeinde notwendig und von unschätzbarem Wert sind.

4. Volcker-Kommission:
Der Bankenvergleich – eine Erpressung!

Milliarden gesucht – Millionen gefunden: der Berg hat eine Maus geboren

Angesichts von Forderungen in Milliardenhöhe, anstehenden Sammelklagen, angedrohten Sanktionen und Boykotten vereinbarte die Schweizerische Bankiersvereinigung mit den wichtigsten jüdischen Organisationen am 2. Mai 1996 die Schaffung eines «Independent Committee of Eminent Persons», nach ihrem Präsidenten, dem ehemaligen Notenbankchef der USA, Paul A. Volcker, «Volcker-Kommission» genannt. Die Kommission erhielt den Auftrag, die Behandlung nachrichtenloser Vermögen durch Schweizer Banken vor, während und unmittelbar nach dem Zweiten Weltkrieg durch bankengesetzliche Revisoren zu untersuchen, und zwar in Absprache mit den schweizerischen Behörden. Alle Kosten gingen zu Lasten der Schweizer Banken.

Allgemein gute Noten für die Schweizer Banken

Die Kommission ermittelte insgesamt 53 886 Konten. Sie fand keine Zeichen einer gezielten organisierten Diskriminierung oder sonstiger systematischer Missbräuche bezüglich der Guthaben, die einen wahrscheinlichen oder möglichen Bezug zu Opfern des Nationalsozialismus haben könnten. Auch wurde keine systematische Zerstörung von Akten festgestellt, hingegen in Einzelfällen fragwürdiges oder unlauteres Verhalten von Banken bestätigt.

Wie die teilweise fragwürdige Darstellung der Untersuchungsergebnisse im Schlussbericht der Kommission zeigt, verfolgte man offenkundig die Absicht, die Vorwürfe des Jüdischen Weltkongresses gegenüber den Schweizer Banken soweit wie immer möglich zu bestätigen. So wird die wichtige

Feststellung, dass unsere Banken im allgemeinen korrekt gehandelt haben, mit einigen Sätzen abgetan, während die relativ wenigen Einzel- und Ausnahmefälle, die zu Kritik Anlass geben, im Bericht und in der entsprechenden Beilage seitenlang dramatisiert und verallgemeinernd dargestellt werden. Gleichzeitig wird auf diese Weise der Eindruck erweckt, unkorrektes Verhalten gehöre zur täglichen Praxis der Banken.

Die massiven pauschalen Vorwürfe des WJC wurden jedenfalls nicht bestätigt. Die Behauptung, es lägen auf hunderttausenden nachrichtenloser Konten Milliardenbeträge von Holocaustopfern, wurde Lügen gestraft. Der Gesamtbetrag aller Guthaben, der aber nicht genau ermittelt werden konnte, übersteigt die 100-Millionen-Grenze jedenfalls nicht und liegt somit nur unwesentlich über dem Betrag, den die Schweizer Banken bei ihren eigenen Nachforschungen 1997 ermittelt hatten. Zudem betreffen davon höchstens 21% Holocaustopfer-Konten.

Schliesslich stellte die Kommission fest, dass die Schweizer Banken ausländische und Schweizer Kunden gleich behandelt haben und dass die Abklärungen der Banken weitgehend korrekt durchgeführt wurden. Nicht unerwähnt darf in diesem Zusammenhang bleiben, dass in den USA nachrichtenlose Vermögen in der Regel nach fünf Jahren dem Staat verfallen.

Worüber sich viele zu wenig Rechenschaft geben

«Als Land und als Volksgemeinschaft kann die Schweiz in keiner Weise für die Völkermordpolitik des Dritten Reichs oder den Zweiten Weltkrieg verantwortlich gemacht werden. Die Schweiz ist jedoch insofern einzigartig, als sie während dieses Weltkriegs auf allen Seiten von Achsenmächten umgeben war. Die Schweiz kämpfte darum, so gut es ging, unter äusserst schwierigen Umständen in nahezu völliger Isolation inmitten des Kontinents zu überleben. Diese wahrhaft schwierige Situation spiegelt sich in einer typisch schweizerischen Sichtweise wider, nach der die Schweiz eine unbeteiligte, ihre beständigen Prinzipien der Neutralität, Demokratie, Integrität der Banken und andere Werte aufrechterhaltende Zuschauerin sei.» (VOLCKER-BERICHT, *Dezember 1999, S. 2)*

Trotzdem wurden in den USA die Angriffe fortgesetzt, das Misstrauen gegenüber den Banken wird wachgehalten

Wer erwartet hatte, den Banken werde nach diesem weitgehenden Freispruch Gerechtigkeit widerfahren, sah sich getäuscht. Das Ergebnis des Volcker-Berichts wurde entweder nicht zur Kenntnis genommen, unvollständig dargestellt oder verdreht.

So erklärte der WJC, die Untersuchungen Volckers bestätigten «das höchst unmoralische Verhalten der Schweizer Banken» und zeigten, dass «die lancierte Kampagne gegen die Banken gerechtfertigt» sei. Man erwarte «eine uneingeschränkte Entschuldigung für das unmoralische Verhalten» (Elan Steinberg).

Der Finanzchef von New York, Hevesi, schrieb in der NEW YORK TIMES: «Der Bericht zeigt, was wir alle von Anfang an dachten, nämlich, dass gewisse Schweizer Banken Konten von Holocaust-Opfern leerten.»

Die NEW YORK TIMES behauptete unter dem Titel «Die Betrügereien der Schweizer Banken», die Volcker-Kommission habe weit mehr Konten aufgespürt, als die Banken ursprünglich hätten anerkennen wollen. (NZZ, *8. Dezember 1999)*

Obschon es nicht möglich war, aufgrund der erfolgten Wahrscheinlichkeitsberechnungen genaue Zahlenangaben zu machen, berichteten die Medien in den USA und in Israel mit Schlagzeilen: «53'886 Holocaust-Opfer besassen Konten im Wert von 1,5 Milliarden Dollar in der Schweiz.» Die Tatsache, dass der Gesamtbetrag der Konten wahrscheinlicher oder möglicher Opfer der Nazis unter 100 Millionen Schweizerfranken lag, wurde verschwiegen.

Die Absicht, Verdacht und Misstrauen den Schweizer Banken gegenüber wachzuhalten, spiegelt sich auch in einer absurden Zahlenakrobatik und in der Taktik der Gegenseite, Fragen offen zu lassen.

Geklärte Ansprüche

Inzwischen hat das Schiedsgericht zur Abklärung von Ansprüchen auf ausländische nachrichtenlose Vermögen auf Schweizer Banken am 11. Oktober 2001 mitgeteilt, dass der Anteil von Kontoinhabern, die Opfer des Holocaust wurden, mit 21% geringer als erwartet ausfiel. Die restlichen 79% gehörten Personen, die keinen Bezug zum Holocaust hatten. Das Schiedsgericht sprach den Anspruchsberechtigten 65 Mio. Franken zu, die zulasten des Bankendeals von New York von 1,25 Mia. Dollar gehen. Die Kosten des Schiedsgerichts von 32 Mio. Franken(!) gehen zulasten der Schweizer Banken. *(NZZ, 12. Oktober 2001)*

Unabhängige Volcker-Kommission?

Wie unabhängig die Volcker-Kommission war, bleibe dahingestellt. Jedenfalls bestand sie zur Hälfte aus führenden Persönlichkeiten jüdischer Organisationen, die offensichtlich politische Ziele verfolgten. Man versuchte, auf Biegen und Brechen ein Ergebnis zu produzieren, das die Kampagne gegen die Schweizer Banken, die von ihnen im Bankendeal bezahlten 1,25 Milliarden Dollar und die Revision mit ihren exorbitanten Kosten von nahezu 1 Milliarde Franken rechtfertigte. Zu diesem Zweck war jede Zahlenakrobatik, jede Willkür gut genug.

Kommt dazu, dass der amerikanische Generalsekretär der Kommission, Bradfield, von Anfang an durch seine Vorurteile gegenüber den Schweizer Banken und seine Parteilichkeit auffiel.

Es ist das Verdienst der Schweizer Mitglieder und des Präsidenten Volcker, dass schliesslich, nach einer Reihe unannehmbarer Vorentwürfe und vieler Intrigen, ein Schlussbericht zustande kam, der den Tatsachen einigermassen gerecht wurde.

Eine Aktion ohne jede Verhältnismässigkeit

Wenn man sich Rechenschaft gibt, dass 650 Rechnungsprüfer bei 254 Banken mit einem Kostenaufwand von gegen einer Milliarde Franken (zulasten der Schweizer Banken!) akribisch mehr als 4 Millionen Konten überprüften, um schliesslich nach über zwei Jahren zum bekannten äusserst bescheidenen Ergebnis zu gelangen, muss man sich in guten Treuen die Frage der Verhältnismässigkeit stellen. In bitterer Erinnerung bleiben auch das selbstherrliche, oft arrogante Auftreten der ausländischen Revisoren mit mangelhaften Sprachkenntnissen und deren übersetzte Spesen, die in Rechnung gestellt wurden.

Für die Schweizer Banken war dieses unerhörte Unternehmen jedenfalls schon aus grundsätzlicher Sicht eine Zumutung erster Ordnung und weltweit einmalig. Die Schweizer Banken mussten für ihre Fahrlässigkeit in den Nachkriegsjahren einen hohen Preis bezahlen, der zum nunmehr nachgewiesenen begrenzten Verschulden in keinem Verhältnis steht.

Versuch einer Bilanz: Schweizer Banken erpressbar? Ein Risiko für die Zukunft?

Angesichts der rechtswidrigen Erpressung durch den Jüdischen Weltkongress mittels der Drohung von Sammelklagen und Boykotten blieb den Schweizer Grossbanken kaum etwas anderes übrig, als auf eine Vergleichslösung einzugehen. Das Risiko, ihre Geschäftstätigkeit in den USA zu gefährden – ein im Zeitalter der Globalisierung besonders gewichtiges Interesse – war zu gross. So gross, dass man selbst das Ergebnis der zur Klärung der nachrichtenlosen Vermögen eingesetzten Volcker-Kommission nicht abwarten wollte. Dies umso mehr, als der für die Auseinandersetzung zwischen den Schweizer Banken und dem WJC zuständige Richter in New York, Eduard Korman, massgebend Einfluss auf die Erteilung von Geschäftslizenzen hatte.

Das Gewinn- und Nutzdenken liegt den Banken verständlicherweise näher als völkerrechtliche Überlegungen, moralische Bedenken oder staatspolitisches Bewusstsein. Auch wussten sie, dass Macht dem Recht stets vorgeht und dass die alleinige Weltmacht USA ihre Macht traditionsgemäss ohne Rücksicht auf das Völkerrecht ausspielt. Sie wussten aber auch, dass ein kleines Land wie die Schweiz zu schwach ist, um in einer solchen Situation Widerstand zu leisten. Offen muss die Frage bleiben, ob die Ereignisse mit einer entschiedeneren Haltung der Banken und Behörden nicht einen anderen Verlauf genommen hätten.

Dass die Banken von der Landesregierung mehr oder weniger im Stich gelassen wurden und nicht einmal mit einer sorgfältigen Koordination der Abwehr der amerikanischen Angriffe rechnen konnten, sei nur am Rande vermerkt. Anstatt den Banken in arger Bedrängnis ihren Schutz angedeihen zu lassen, liess die Schweiz ihre Interessen durch die Banken schützen (indem die Banken in ihrem Deal von New York auch allfällige weitere Forderungen gegen die Schweiz abgelten liessen!). Ein schwacher Trost, dass auch der «Bussgang» der Eidgenossenschaft, gleich wie die «Busse» der Banken, viel gravierender ist als die Schuld.

Nachdem sich die Banken als erpressbar erwiesen haben, bleibt zu befürchten, dass die Erpressung in einer anderen Richtung weitergehen könnte: beim Kampf um das schweizerische Bankgeheimnis und den Finanzplatz Schweiz.

Blick in die Zukunft

«Zu fragen ist auch nach der Botschaft für die weltweite Kundschaft. Das Bollwerk Schweizer Bank hat einen Treffer abbekommen. Macht dies nun Schule, ist es reif für den Sturm? Werden die Banken, konkreter gefragt, auch dem Druck deutscher oder amerikanischer Steuerbehörden oder OECD-Vorstössen zur Abschaffung des Bankgeheimnisses nachgeben? Werden sie mit der gleichen Mischung aus mangelnder Professionalität, Inkonsequenz und Retten der eigenen Haut reagieren, die die Auseinandersetzung mit den ‹Schatten des Zweiten Weltkriegs› bisher zuweilen gekennzeichnet hat? Mit Geld haben die Banken auf die Sammelklagen und die angedrohten Sanktionen geantwortet. Bei Herausforderungen der eben geschilderten Art hilft das nicht. Hier wird die Bankenwelt den Beweis erbringen müssen, dass sie es sehr wohl beurteilen kann, wenn nichts, aber auch gar nichts an einer unnachgiebigen Haltung vorbei führt.» (NZZ, 14. August 1998, aus «Vom Charakter und seinem Preis»)

Abgesehen von diesem Aspekt muss man sich in guten Treuen fragen, ob der Ausgang des Konflikts und die Haltung der Schweiz nicht, neben anderen Faktoren, dazu beigetragen hat, die aussenpolitische Stellung unseres Landes in der Völkergemeinschaft ganz allgemein empfindlich zu schwächen.

5. Die Bergier-Kommission (UEK)

Bundesbeschluss: Anhang Nr. 5.
Bundesratsbeschluss: Anhang Nr. 6.
Zusammensetzung: Anhang Nr. 7.
Rechtliche und politische Überlegungen des AGG zur UEK:
Anhang Nr. 8.

Nachdem wir uns in den ersten Kapiteln des Buches mit dem eigentlichen Konflikt, der Verleumdungskampagne und der Reaktion der Schweiz, auseinandergesetzt haben, befassen wir uns im folgenden mit einer kritischen Würdigung der Bergier-Kommission und der Berichte, die sie bisher publiziert hat.

Überstürzte Wahl

Schon die Wahl des Präsidenten – eine eigentliche Zangengeburt! – spiegelt das Spannungsfeld wider, in dem die Entscheide gefällt werden mussten. Der erste Wunschkandidat, Prof. Urs Altermatt, Professor für Schweizergeschichte an der Universität Freiburg i/Ue, ein ausgezeichnet qualifizierter Historiker, der landesweit bekannt und geschätzt ist, musste aufgrund einer Intervention von Bundesrätin Dreifuss fallengelassen werden, weil in seinem Werk der Antisemitismus im Katholizismus angeblich nicht ins rechte Licht gerückt worden sei. Nachdem Bundesrätin Dreifuss gegen die Kandidatur Altermatt opponiert hatte, verzichtete dieser auf eine Teilnahme.

Nach längerem Hin und Her wurde in einer eigentlichen Nacht-und-Nebel-Aktion Jean-François Bergier, Geschichtsprofessor an der ETH Zürich, angefragt (telefonisch, weil's pressierte!), ob er bereit wäre, das Präsidium zu übernehmen. Eine Bedenkzeit stand zufolge des Zeitdrucks nicht mehr zur Verfügung. Der Bundesrat musste am nächsten Tag entscheiden.

Die Bergier-Kommission an der Arbeit (Orlando 2000)

Würde es noch eines Beweises dafür bedürfen, unter welch misslichen Umständen die Auswahl der UEK erfolgte, so liefert ihn der Präsident der UEK in seinem Artikel in der NZZ vom 8./9. September 2001 selbst: «Mit einem Eifer, der von Panik diktiert und von Naivität nicht frei war, wollte man die Krise meistern.» Der überraschte Bundesrat glaubte offensichtlich, seine Probleme mit einem schnellen Kraftakt lösen zu können – eine fatale Fehleinschätzung.

Von der Zeitgeschichte überrascht?

Prof. Bergiers oben erwähnter Artikel trägt den Titel «Von der Zeitgeschichte überrascht». Bergier behauptet darin, er sei nach seiner Ernennung zum Präsidenten der UEK mit einer Thematik konfrontiert worden, für die er sich zuvor «bloss punktuell und nebenher interessiert habe». Stimmt das? Zweifel sind angebracht. *(Anhang Nr. 9)*

Der Historiker Paul Stauffer setzt sich in einer Zuschrift an die NZZ («Jean-François Bergier und die Zeitgeschichte») mit dieser Behauptung von Prof. Bergier kritisch auseinander, und Bergier nimmt zur Kritik von Stauffer Stellung. *(Anhang Nr. 10, NZZ vom 18. Oktober 2001)*
Paul Stauffer, Dr. phil., Historiker und a. Botschafter, ist Verfasser verschiedener Beiträge zur Zeitgeschichte. Im NZZ-Verlag sind von ihm erschienen: CARL J. BURCKHARDT, FACETTEN EINER AUSSERGEWÖHNLICHEN EXISTENZ (1991) und SECHS FURCHTBARE JAHRE... AUF DEN SPUREN CARL J. BURCKHARDTS DURCH DEN ZWEITEN WELTKRIEG (1998).

Zusammensetzung: unbefriedigend!

Auch die Zusammensetzung der Kommission *(Anhang Nr. 7)*, für die der Bundesrat verantwortlich ist, lässt Fragen offen:
– Wer hat die Mitglieder ausgesucht und vorgeschlagen – Kooptation?

- Wie konnte der Bundesrat dieser unausgewogenen Zusammensetzung zustimmen?
- Weshalb wurde kein Historiker berufen, der den Zweiten Weltkrieg als erwachsener Zeitzeuge in der Schweiz miterlebt hatte? Von den schweizerischen Mitgliedern ist, abgesehen von dem inzwischen ausgeschiedenen einzigen Juristen Joseph Voyame («Ich fühlte mich mit meiner rechtlichen Argumentation ein wenig alleingelassen»), Präsident Bergier mit Jahrgang 1931 weitaus am ältesten.
- Weshalb wurden angesichts der Vielzahl von völkerrechtlichen und wirtschaftlichen Fragen keine Spezialisten des Völkerrechts und der Wirtschaftswissenschaft in die Kommission berufen?
- Weshalb wurde kein Wissenschafter und Zeitzeuge aus der Romandie berücksichtigt, wo namhafte ältere Historiker bereits ausgezeichnete Forschungsarbeit zum Zweiten Weltkrieg geleistet und schon lange zuvor publiziert hatten?
- Weshalb hat man sich für ausländische Historiker entschieden, die mit den schweizerischen Verhältnissen im allgemeinen und insbesondere im Zweiten Weltkrieg überhaupt nicht vertraut waren?
- War es richtig, die Kommission mit vier ausländischen Mitgliedern – die Hälfte der Kommission! – zu besetzen (wenn man weiss, wie sensibel das Schweizervolk auf «Fremde Richter» reagiert!)?
- Was ist von einer Kommission zu halten, deren Generalsekretär ein knappes Jahr vor Erscheinen des Schlussberichts zurückgetreten ist bzw. seines Postens enthoben wurde? Schon zuvor hatte man den Delegierten für wissenschaftliche Koordination, Jacques Picard, seiner leitenden Funktion enthoben.
- Wenn man das bisherige wissenschaftliche Werk von Prof. Bergier kennt, steht eines fest: Hätte man Bergier eine Gruppe junger und älterer schweizerischer Forscher zur Seite gestellt und auf den Beizug «fremder Richter» und ausländischer Interessenvertreter verzichtet, würden die Berichte der UEK ein anderes Gütezeichen tragen.

Unpräziser und einseitig erweiterter Auftrag des Bundesrats führt ins Uferlose

Am 19. Dezember 1996 beschliesst der Bundesrat die Einsetzung der UEK und erklärt ausdrücklich, er handle «in Umsetzung» des Bundesbeschlusses vom 13. Dezember 1996 betreffend die historische und rechtliche Untersuchung des Schicksals der infolge der nationalsozialistischen Herrschaft in die Schweiz gelangten Vermögenswerte.
(Bundesbeschluss und Bundesratsbeschluss siehe Anhang Nr. 5 und Nr. 6, Rechtliche und politische Überlegungen des AGG zur UEK siehe Anhang Nr. 8)

Weder der Bundesbeschluss noch der Bundesratsbeschluss zeichnen sich durch Klarheit aus. Allein schon die Formulierung «Vermögenswerte, die infolge der nationalsozialistischen Herrschaft in die Schweiz gelangten» lässt verschiedene Interpretationen zu. Zudem geht der Auftrag, den der Bundesrat der UEK erteilte, über den Wortlaut des zugrundeliegenden Bundesbeschlusses hinaus. Kommt dazu, dass die UEK von sich aus den ihr erteilten Auftrag stark ausgeweitet hat, einen wichtigen Teilauftrag – den Vergleich der schweizerischen Flüchtlingspolitik mit derjenigen anderer Staaten – jedoch nicht erfüllt.

Die UEK hat sich jedenfalls ein umfangreiches Arbeitsvolumen auferlegt, das sie, wie ihre Arbeit zeigt, nicht zu bewältigen vermag. Man kann sich des Eindrucks nicht erwehren, dass weder die eidg. Räte noch der Bundesrat sich bei den grundlegenden Beschlüssen bewusst waren, auf welches Vorhaben sie sich eingelassen haben. Arbeitsvolumen, Vielfalt und Besonderheiten aller Art, die sich die UEK aus eigener Machtvollkommenheit zugelegt hat, gehen ins Uferlose. Diese unerfreuliche Situation erklärt – wenn auch nur teilweise – weshalb die UEK nicht selten mit Pauschalurteilen operiert und allzu oft eine Ausdrucksweise pflegt, die mit Wissenschaftlichkeit wenig zu tun hat.

Die Organisations- und Führungsprobleme, welche die UEK 2000/2001 erschüttert haben, dürften zu einem guten Teil auch auf die skizzierten unerfreulichen Voraussetzungen zurückzuführen sein.

Bundesrat und eidg. Räte sollten jedenfalls hellhörig geworden sein und sich Rechenschaft geben, dass ihnen als Auftraggeber der UEK die Pflicht zufällt, mit aller Sorgfalt zu prüfen, ob und inwieweit die UEK dem ihr erteilten Auftrag gerecht geworden ist.

Auf Anregung des AGG hat die «Interessengemeinschaft Schweiz – Zweiter Weltkrieg» (ein Zusammenschluss von Organisationen gleicher Zielrichtung mit über 20'000 Mitgliedern) den Bundesrat in ihrer Petition vom 6. Juli 2000 zu Recht aufgefordert, zu den Berichten der UEK ausführlich und kritisch Stellung zu nehmen. *(Anhang Nr. 11)*

Das Kreuz mit jüngeren Historikern

> *«Gott kann die Vergangenheit nicht ändern.*
> *Historiker können es»*
> *(Samuel Butler, 1612–1680)*

Überblickt man die historischen Arbeiten zur Haltung der Schweiz im Zweiten Weltkrieg, so ergibt sich ein schillerndes und oft irritierendes Bild der Historiker, insbesondere jener der jüngeren Generation.

In ihren Arbeiten erkennt man unschwer, wie sehr sie von ihrer Ausbildung, ihrer Herkunft und ihrem Umfeld geprägt sind. Die Ideologie der Alt-68er ist ebenso erkennbar wie die unerbittliche Strenge des Moralisten, die Allüre des Grossinquisitors des Rassismus oder die Arroganz des heimatlosen Intellektuellen. Jedenfalls fällt es vielen schwer, bei ihrer Arbeit persönliches Engagement und die für den Wissenschafter erforderliche Distanz zur Materie in Einklang zu bringen.

Einige grundsätzliche Anmerkungen sollen diesen irritierenden Eindruck illustrieren:

– Historiker haben in erster Linie die vorliegenden Fakten zu verifizieren und ihre Ursachen zu untersuchen und damit die Grundlagen für eine wissenschaftliche, politische und moralische Wertung bereitzustellen. Doch was tut die UEK? Sie nimmt politisch moralische Wertungen vor und spielt die Rolle der Anklägerin und Richterin, so etwa, wenn sie im Goldbericht der Leitung der Schweizerischen Nationalbank das Fehlen an Vorstellungskraft und Weitsicht vorwirft und behauptet, diese habe «nicht begriffen, welche Verbrechen und welche tragischen Schicksale sich hinter ihren Worten, ihren Argumenten, ihrem Kalkül, ihrer Engherzigkeit und ihrer Überzeugung verbergen».

– Es ist unzulässig, Entscheide, die vor über einem halben Jahrhundert gefällt wurden, an der heutigen Wertordnung, etwa den erst 1948 von der UNO definierten Menschenrechten, zu messen und sie aus der Sicht einer Gesetzgebung zu beurteilen, die den damaligen Entscheidungsträgern noch gar nicht bekannt war. Allein massgebend für die heutige Beurteilung muss die damalige Wertordnung und Gesetzgebung sein.

– Historiker vergessen oft, dass es auf der Suche nach der «historischen Wahrheit» bzw. «Wirklichkeit» nicht nur schwarz-weiss, sondern auch Grautöne gibt. Auch die UEK walzt das «schwarze Böse», die Schuld der Vergangenheit breit und unterschlägt die positiven Seiten der schweizerischen politischen Kultur.

In Bergiers Ohr:

«Wir Historiker können kein unwandelbares Bild vermitteln. Unsere Pflicht ist es, ehrlich und streng gegen uns selbst zu sein und subjektive Willkür, die jeden versucht, zu bekämpfen, wenn möglich auszuschalten.» *(Edgar Bonjour, ERINNERUNGEN, 1983, S. 240 f.)*

«Sofern der Wille zur Erforschung der Wirklichkeit und Wahrheit den Wissenschafter bestimmt, ist es ihm nicht erlaubt, dasjenige zu übergehen, was seinen metodischen Ansätzen nicht entspricht. Die wissenschaftliche Fragestellung muss dem Gegenstand angepasst werden und nicht umgekehrt.» *(Karl Schmid, Vortrag vor dem Schweizerischen Handels- und Industrieverein am 19. Juni 1972)*

- Wie alle Historiker haben auch die Mitglieder der UEK ihren Stoff ausgewählt, mussten somit auch weglassen. Unannehmbar ist jedoch das Weglassen wichtiger historischer Fakten wie z.B. die Tatsache, dass der Schweizerische Israelitische Gemeindebund (SIG) bis 1942 mit der Flüchtlingspolitik des Bundesrats einverstanden war. Über diese Tendenz des Weglassens tröstet auch die Tatsache nicht hinweg, dass Historiker seit Jahrhunderten für Könige und Kaiser, Kirche und Kolonialherren gearbeitet haben und dabei mit Weglassen, Ausblenden und Beschönigung sehr grosszügig umgegangen sind.

- Historiker der «Alten Schule» haben sich stets in beeindruckender Weise bemüht, die von ihnen erforschten Themen im historischen Gesamtzusammenhang zu sehen. Weshalb nicht auch die UEK?

- Wiederholt vermitteln die Befunde der UEK den Eindruck, ihre wissenschaftlichen Erkenntnisse seien eine Glaubensfrage. Das sind sie aber nicht. Je mehr sie die Arbeit zur Glaubensfrage macht, desto blinder, aggressiver und unfähiger zur Kommunikation wird sie, desto schiefer werden auch die historischen Bilder, die sie in die Köpfe der Leser projiziert.

- Ein Kapitel für sich ist der Umgang mit Mythen. Waren es nicht Historiker, die uns in der Vergangenheit immer wieder überzeugten, wie wichtig die Mythen sind («oft wichtiger als die Wirklichkeit»)? Heute zerstören ihre Nachfolger diese Mythen, ersetzen sie durch Gegenmythen, z.B. zur Landi- und Rütli-Schweiz und unterstellen, wir würden die

Schattenseiten der Geschichte verdrängen und hätten das Reduit, den General und die Flüchtlingspolitik als besondere Leistung mythologisiert. Welches andere Land würde Hand zu einer solchen systematischen Demontage bieten? Wo liegt der Sinn des Angriffs auf Väter, Grossväter und Heimat? Ödipuskomplex? Rache an autoritären Vätern?

– Mediengeilheit ist schon bei Politikern unerträglich. Noch unerträglicher ist sie bei Historikern.

Man verstehe uns recht: Es geht uns nicht darum, alle jüngeren Historiker in einen Topf zu werfen. Unsere Kritik richtet sich in erster Linie gegen diejenigen unter ihnen, die es offensichtlich darauf abgesehen haben, Tabus und überlieferte Denkmuster zu zerstören, die Respektierung des Rechts zu vernachlässigen oder notwendige Vergleiche auszublenden, die ihrer Absicht zuwiderlaufen (auch wenn man sich mit wissenschaftlicher Arbeit dieser Art im Zeichen des heutigen Zeitgeistes zu profilieren vermag!).

Von der Priesterrolle der Historiker

«Angesichts der Entwertung aller gültiger Normen und Dogmen ist der Standpunkt der Historiker ein rein subjektiver geworden. Dass deshalb, was eigentlich fast unerlässlich sein müsste, das Verantwortungsgefühl grösser geworden wäre, lässt sich füglich nicht behaupten, und von einigen geglückten, brillanten Ausnahmen abgesehen, herrscht eine Tendenz vor, die etwa so umschrieben werden könnte: Statt eine frühere Epoche unter Umständen in lebenslangem Ringen und Bemühen, in ihren Zusammenhängen zu enträtseln, löst man ein einzelnes factum criminale aus der früheren Zeit heraus und gibt es isoliert und mit schulmeisterlicher Attitüde dem Entsetzen und dem Aufschrei des nachgeborenen, durch die Political correctness disziplinierten Publikums preis...
Kein Wunder, dass die wissenschaftlich verbrämte angemasste Priesterrolle der Historiker längst eine sakrosankte

geworden ist und niemand es mehr wagen würde, sie zu mehr Gerechtigkeit einer früheren Epoche gegenüber, zu mehr Einfühlungsvermögen für frühere Denk- und Verhaltensweisen, kurz, zu mehr Demut und Selbstbescheidung aufzufordern.» *(WAREN GOETHE UND FONTANE GESCHICHTSKLITTERER? von Charles Linsmayer, in DER BUND, 22.5.1999)*

Wissenschaftliche Arbeit
aufgrund unvollständiger Akten

Wer den Umgang mit Akten in Regierung, Verwaltung, Parlament und Armee zur Kriegs- und Nachkriegszeit kennt, weiss, dass Akten und insbesondere Protokolle, immer wieder nachträglich abgeändert und geschönt wurden. Oft wurde die Protokollführung bei heiklen Themen ausgesetzt. Vieles wurde im Interesse der Geheimhaltung und Vertraulichkeit, auch auf höchster Ebene, mündlich vereinbart.

Um Akten nicht in die Hände des Feindes fallen zu lassen, wurden sie vorsorglich vernichtet. Viele Akten wurden auch wegen Platzmangel entsorgt. Regierungsmitglieder, hohe Beamte und Offiziere nahmen vertrauliche Akten als «persönliches Eigentum» bei der Pensionierung mit nach Hause.

Die Akten, mit denen die Bergier-Kommission arbeitet, sind somit unvollständig. Was noch vorhanden war, wurde vom Bundesarchiv für die Kommission gesichtet und zusammengestellt. Nach welchen Kriterien und von wem? Die Erklärung des Bundesarchivars, er betrachte die Zusammenstellung der Dossiers für die Kommission als wichtige «politische Aufgabe», muss jedenfalls hellhörig machen!

Angesichts der Unvollständigkeit der Akten wäre eigentlich der Beizug von Zeitzeugen und ihrer mündlich überlieferten Erlebnisse und Erfahrungen besonders nötig und sinnvoll gewesen. Doch just in dieser Hinsicht weisen die Arbeiten der UEK einen schweren Mangel auf.

Albert Pfyffner, Historiker, zuständig für das Nestlé-Firmenarchiv, weist darauf hin, dass das Vorgehen der UEK-Mitarbeiter bei der Sichtung von Firmenakten weder repräsentativ noch beispielhaft war: «Es handelte sich dabei um eine ... Auswahl, welche teils nach bestimmten, teils nach eher zufälligen Gesichtspunkten zustande kam...». *(NZZ, 25. Juni 2001, S. 11)*

Zeitzeugen melden sich zu Wort

(Anhang Nr. 12, Erklärung des AGG am Werkstattgespräch der UEK vom 13. Juli 2000 in Bern)

Oldies mit überholter Wertordnung?

Von einem Zeitgeist, der ein Idealbild des Menschen – «jung, schön, sportlich, leistungsfähig» – propagiert, kann die «Alte Garde», im Gegensatz zu anderen Zivilisationen, weder Respekt noch Gehör erwarten, umso weniger, als sie sich noch zu einer Wertordnung bekennt, die vom Zeitgeist späterer Generationen in Frage gestellt wird (Ehre, Würde, Rechtschaffenheit, Disziplin, Verlässlichkeit, Patriotismus).

Gegnerschaft erwächst den älteren Jahrgängen aber auch aus dem Generationenkonflikt, dem «Vater-Sohn-Verhältnis». Verunsicherte Söhne bezweifeln die Geschichtskompetenz ihrer erfolgreichen Väter. So lassen sich die «Alt-68er» die Gelegenheit nicht entgehen, «Fehlleistungen» der Kriegsgeneration einmal mehr aufzulisten und zu beweisen, dass die bürgerliche Gesellschaft damals wie heute kläglich versagt habe.

Denselben Zweck verfolgen diejenigen Intellektuellen, Schriftsteller und Journalisten, die jede Gelegenheit benützen, die Schweiz im In- und Ausland in Büchern und in den Medien nicht nur zu kritisieren, sondern in Stücke zu reissen.

60

Mitsprache – eine nationale Pflicht

Die Zeitzeugen des AGG haben sich zur Kriegszeit in der Armee für ihre Heimat eingesetzt und entscheidend mitgeholfen, dass der Schweiz der Krieg erspart blieb. Sie haben dafür die besten Jahre ihres Lebens eingesetzt. In den Nachkriegsjahren haben sie einen wesentlichen Beitrag zum Wohlergehen des Landes geleistet. Der Wohlstand, den unser Land heute geniesst, ist ohne den damaligen Einsatz der Kriegsgeneration undenkbar. Es sei nur etwa an unser grösstes Sozialwerk, die AHV, als beeindruckende Leistung der Nachkriegszeit erinnert.

Aus dieser Sicht glauben die Zeitzeugen Anspruch darauf zu haben, ein massgebendes Wort mitzureden, wenn es darum geht, die Haltung der Schweiz im Zweiten Weltkrieg darzustellen. Es kann den Zeitzeugen nicht gleichgültig sein, wie die Schweiz in die Geschichte eingeht und mit welchem Image die heutige und spätere Generationen leben müssen.

Diese Aufgabe ist aber auch eine nationale Pflicht, die aus Verantwortung gegenüber der Kriegsgeneration und der Geschichte, aber auch gegenüber der heutigen und späteren Generationen wahrgenommen werden muss.

Die Zeitzeugen, die sich auch in Zukunft unentwegt für dieses Ziel einsetzen werden, geben sich wie bisher Rechenschaft, dass sie sich wie alle, die auf die Vergangenheit zurückblicken, davor hüten müssen, dem Risiko zu erliegen, die damalige Welt so zu schildern, wie sie sie gerne erlebt oder gelebt hätten. Sie lassen sich nicht nur durch Emotionen und Vergangenheitssentimentalität, sondern auch durch das staatspolitische und geschichtliche Verständnis leiten, das die Kriegsgeneration auszeichnet.

Kein Verständnis beim Bundesrat

Der Bundesrat hat es indessen aus unerfindlichen Gründen nicht als nötig erachtet, Zeitzeugen in die UEK aufzunehmen, obwohl qualifizierte Historiker der Kriegsgeneration zur Verfügung gestanden hätten.

Zwar wurde eine «Kontaktstelle für Zeitzeugnisse» geschaffen. Dieser Stelle haftet jedoch mit ihrem Konzept der Freiwilligkeit und der selektiven Benützung etwas Zufälliges an. Auch hat die Kontaktstelle teils prominente Zeitzeugen von hohem Informationswert, die sich bei ihr gemeldet hatten, nie befragt. Die Zwischenberichte der UEK lassen erkennen, dass den Informationen der Kontaktstelle kein besonderer Wert beigemessen wird. Um diese gravierende Lücke zu schliessen, hat der AGG Anfang 1998 die Schaffung eines Rats der Zeitzeugen vorgeschlagen. Weder Bundesrat noch UEK sind auf diesen Vorschlag, der in der Öffentlichkeit grosse Zustimmung gefunden hat, eingegangen.

Die von einem UEK-Mitglied geäusserte Meinung, dass Zeitzeugenschaft keine wissenschaftliche Qualifikation sei, wird von zahlreichen Historikern, insbesondere in den USA, nicht geteilt. Sie sind im Gegenteil der Ansicht, dass die «oral history» in der Schweiz unterentwickelt sei. Es ist deshalb auch nicht überraschend, dass sich amerikanische Wissenschafter beim AGG gemeldet haben, um in Interviews zu erfahren, wie die Aktivdienstgeneration den Zweiten Weltkrieg erlebt hat.

Wie man Zeitzeugen behandelt...

– Ein ehemaliger Botschafter, der als Mitglied der Schweizer Delegation an den Verhandlungen über die Entschädigungsabkommen mit den Oststaaten teilgenommen hatte, anerbot sich 1996, in Schreiben an die Task-Force und die Bundesräte Cotti und Koller, als Spezialist in der Materie an den entsprechenden Berichten der Bergier-Kommission mitzuwirken. Von der Offerte wurde nicht Gebrauch gemacht. Bundesrat Koller fand es nicht einmal nötig, den Empfang des Schreibens zu bestätigen. Auf den Hinweis, dass zur Klärung nicht nur Historiker, sondern auch Experten beigezogen werden sollten, die in der Lage sind, die schwierigen juristischen und clearingtechnischen Probleme fachmännisch zu beurteilen, wurde nicht eingegangen.

– Gleich erging es einem andern Botschafter, der die Kriegszeit als Fliegeroffizier und aktives Mitglied einer liberalen Studentenvereinigung erlebte. Die Reaktion der Kontaktstelle beschränkte sich auf eine kurze Empfangsanzeige. Der Rest war Schweigen.

– Die objektiv wohl unverständlichste Verweigerung war jedoch das Übergehen von a. Staatssekretär Paul Jolles, der 1946 als Mitglied der Schweizer Delegation an den Verhandlungen des Washingtoner Abkommens teilgenommen hat und über äusserst wertvolle Informationen verfügte. Als ihn Freunde aufforderten, mit der Bergier-Kommission Verbindung aufzunehmen, antwortete er resigniert: «Die heutigen Historiker wollen nicht erfahren, sondern bestimmen, wie es gewesen ist. Zudem sind sie unfähig, die Dossiers zu interpretieren.»

– Die UEK hat es aber auch nicht für nötig befunden, a. Bundesrat Hans Schaffner, der über ein beeindruckendes Erfahrungswissen verfügt, zu befragen. Die NEW YORK TIMES hat ihm indessen Gelegenheit geboten, sich in einem längeren Artikel Gehör zu verschaffen.

– Ein ehemaliger Mitarbeiter der Zürcher Polizei – zur Kriegszeit Offizier des Nachrichtendienstes – wartet noch heute auf eine Antwort auf sein Angebot.

Zeitzeugen – die «ärgsten Feinde der Historiker»?

Wie die Erfahrungen zeigen, sind Zeitzeugen willkommen, solange sie nette kleine Geschichten aus der Kriegszeit erzählen. Sobald sie jedoch den Erkenntnissen der Historiker widersprechen und die Arbeit der UEK zu kritisieren wagen, ist es mit dem Wohlwollen der Kriegsgeneration gegenüber vorbei. Offensichtlich wollen die Historiker nichts erfahren, weil sie schon alles wissen und selbst entscheiden, wie es damals war. Kritiker werden dann schnell der «Dummheit und Frechheit» bezichtigt, als «Hobby-Historiker» und «alte Männer» deklassiert, «die ihrem Lebensabend eine gewisse Dynamik verleihen» und «vor dem Verlöschen noch einmal ihre Schlüsselerlebnisse aufleuchten lassen wollen». Die Hinweise der Zeitzeugen werden zu «Botschaften einer abtretenden Generation», zu «Rechthaberei» einer «pensionierten Prominenz». Schnell ist man auch mit dem heiklen Vorwurf des Antisemitismus zur Stelle, wenn einem die Kritik nicht in den Kram passt.

Bezeichnend ist schliesslich auch die Behauptung, die Aktivdienstgeneration sei im Geiste falscher Werte erzogen worden und es brauche Generationen, um diese einstudierten Vorstellungen abzubauen (Prof. Hans-Ulrich Jost, Universität Lausanne). Dabei waren es just diese «einstudierten» Werte, die mithalfen, die kritischen Jahre zu überleben: Die «geistige Landesverteidigung», wie sie angesichts der Drohungen des nationalsozialistischen Dritten Reichs schon in den dreissiger Jahren initiiert wurde, der «Landi-Geist» von 1939, die Wehrhaftigkeit, wie sie in der Mobilmachung und im Ausbau des Abwehrdispositivs der Armee zum Ausdruck kam, die weit überzeichnete Wehranleihe von 1936, aber auch die Armee-Institution «Heer und Haus», die mit ihren Aktivitäten die Abwehrhaltung des Volkes unterstützte. Schliesslich sei auch an den von Bürgerinnen und Bürgern geschaffenen «Nationalen Widerstand» erinnert, der Vorbereitungen für den Fall einer deutschen Besetzung traf.

Hier ist letztlich auch die Feststellung am Platz, dass eine ganze Generation im Regen stehen gelassen und mit Geringschätzung behandelt wird. Daran ändert auch das gespielte Wohlwollen nicht, mit dem man den Zeitzeugen hie und da heuchlerisch «auf die Schulter klopft».

«Dichtung und Wahrheit»? – auch die Verfasser dieses Buches sind sich darüber im klaren:

«In einer Zeit zu forschen, in der es noch Zeitzeugen gibt, ist schon deshalb schwierig, weil die erlebte Zeit zu ‹Dichtung und Wahrheit› wird. Der Mensch hat die Neigung, aus dem Gedächtnis zu verbannen und zu verdrängen, was nicht in sein Welt- und Selbstbild passt. Der eigene Lebensweg, die eigene Vergangenheit wird dauernd umgedacht, und oft sind nur gerade die Eckdaten im Lebenskalender mit Sicherheit auszumachen. Die Geschichten, die so entstehen, leben von Gedächtnislücken, in denen sich die Erinnerung mit allen ihren schöpferischen Kräften einnistet. Die Fantasie ist dabei besonders aktiv und gestaltend.» *(Andreas Iten, a. Ständerat, in DER BERGIER-BERICHT: APPELL ZUR DEBATTE, Discours Suisse, September/Oktober 2001)*

Hemmungslose Medienarbeit der UEK-Mitglieder

Man dürfte von einer wissenschaftlichen Kommission eigentlich erwarten, dass sie bei ihrer Arbeit die nötige Diskretion beobachtet und von ihrem Auftraggeber dazu angehalten wird. Nicht so die UEK.

Vom Beginn ihrer Tätigkeit an prellten Mitglieder der UEK in den Medien, in Vorträgen und mit Publikationen vor und nahmen, noch vor der Veröffentlichung der Berichte der UEK, Erkenntnisse vorweg, die eigentlich der Kommission zustanden. So veröffentlichte etwa, um nur ein Beispiel aufzuführen, Prof. Georg Kreis zwei Bücher, die sich mit Themen befassten, deren Behandlung vom Bundesrat der UEK übertragen wurden.

Überblickt man die Medientätigkeit der UEK-Mitglieder, so ergibt sich das Bild einer wohl-orchestrierten PR-Aktion zugunsten der subjektiven UEK-Meinung. Systematisch wurde das Terrain für die Schuldzuweisung der Kommission vorbereitet, wobei persönliche Beziehungen von Mitgliedern der UEK zu Medienvertretern geschickt ausgenützt wurden.

Die Angst junger Historiker vor der Bergier-Kommission

Vom AGG zur Mitarbeit eingeladene junge Schweizer Historiker zeigten sich zwar interessiert, befürchteten jedoch, ihre Karriere zu gefährden, wenn sie sich kritisch mit den Arbeiten der Bergier-Kommission auseinandersetzten. Einige der Mitglieder der Kommission hätten sich eine Machtposition geschaffen, die jeder junge Historiker bei seiner Karriereplanung zu berücksichtigen habe.

Die gravierendsten Fehlleistungen der UEK

Sträflich oberflächliche Lagebeurteilung

Die UEK behandelt die allgemeine Lage der Schweiz im Zweiten Weltkrieg mit einer geradezu sträflichen Oberflächlichkeit. Die Ängste – Existenz- und Zukunftsangst! – die Unruhe, Spannungen und Sorgen des Alltags, der traumatisierte Seelenzustand des Schweizervolkes, den die Behörden aller Stufen, aber auch die Armee, bei ihren Entscheiden und praktischen Massnahmen Tag für Tag in Rechnung zu stellen hatten, werden mit einigen wenigen Sätzen abgetan.

Wo bleibt die Auseinandersetzung mit der potentiellen Möglichkeit eines Angriffs der Achsenmächte von Norden und von Süden? Wo steht etwas darüber, wie moralisch bedrückend allein schon die Wahrnehmung von Gefahren sein kann? So wie man heute Probleme der Radioaktivität, der Gen-Technik oder der Überfremdung diffus wahrnimmt und diskutiert, ohne dass effektive Beweise dafür zu erbringen sind, hatte das Schweizervolk im Zweiten Weltkrieg Angst vor einer Besetzung unseres Landes, vor Mangel an Nahrungsmitteln, Heizmaterialien und Industrierohstoffen (Arbeitslosigkeit!). Im Falle einer Besetzung musste mit Deportationen (nicht nur jüdischer Einwohner und Flüchtlinge!), mit Zwangsarbeit und militärischem Frondienst an der Ostfront wie zu Napoleons Zeiten gerechnet werden. Zudem galt es,

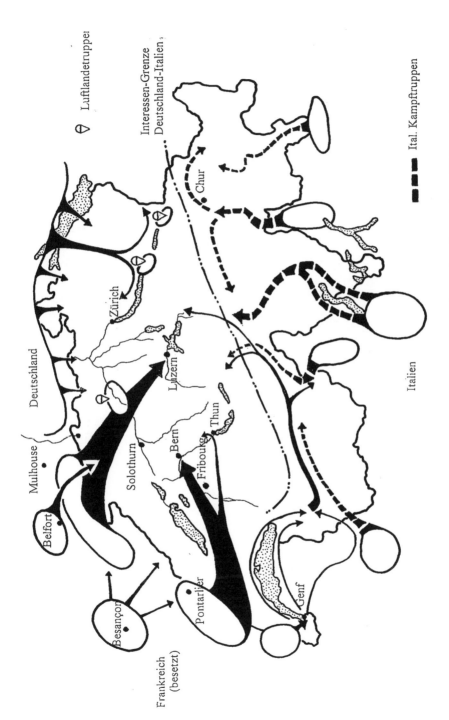

Operation Tannenbaum, einer der ausgearbeiteten Invasionspläne der deutschen Wehrmacht

die dramatischen politischen und militärischen Ereignisse Ende der dreissiger und anfangs der vierziger Jahre seelisch zu verkraften (siehe folgenden Kasten). Es braucht wenig Phantasie, sich die Ängste eines kleinen Volkes im Herzen Europas vorzustellen, das eingeschnürt, allein auf sich gestellt und abgeschnitten von seinen Ressourcen der Friedenszeit um seine Existenz kämpft, als einziges freies Land unter einer Flut von offenen und verdeckten Drohungen, Berichten über Zerstörungen und Gräueln des Krieges, über die Verbrechen der Besetzer in den Nachbarländern.

Alle diese diffusen Ängste musste der Bundesrat bei seinen Entscheiden in Rechnung stellen. Eine Konsequenz der Wahrnehmung dieser Gefahren war u.a. die restriktive Flüchtlingspolitik, die auf der Gratwanderung zwischen Widerstand und Anpassung zwischen Staatsraison und humanitärer Verpflichtung sowie angesichts der Weigerung anderer Länder, einen Teil unserer Flüchtlingslast zu übernehmen, damals verständlich war.

Jedenfalls muss der Unterstellung, die offizielle Schweiz habe die Flüchtlingspolitik im nachhinein beschönigt, mit aller Entschiedenheit engegengetreten werden. Schon lange vor Einsetzung der UEK befassten sich Bundeshaus und Öffentlichkeit intensiv mit diesem Kapitel der Weltkriegsgeschichte: 1957 erschien der im Auftrag des Bundesrats verfasste Bericht von Carl Ludwig DIE FLÜCHTLINGSPOLITIK DER SCHWEIZ SEIT 1939 BIS ZUR GEGENWART. Dieser auch im Parlament diskutierte Bericht ist sachlich und schonungslos. Die UEK hat dazu nichts Neues beigetragen. 1967 führte das Buch von Alfred A. Häsler DAS BOOT IST VOLL ebenfalls zu intensiven Diskussionen. Aber auch die Beratung des Asylgesetzes im Parlament 1978 war ein Stück konstruktiver Vergangenheitsbewältigung, in der die Flüchtlingspolitik auflebte.

Wo bleiben schliesslich die Auseinandersetzung mit dem nachhaltigen Widerstandswillen in Volk und Armee während der ganzen Kriegszeit und die Schlussfolgerungen, die daraus zu ziehen sind? Die schweizerische Militärgeschichte, eine wahre Fundgrube der Information, wurde offensichtlich links liegen gelassen. Dabei wäre es erste Pflicht der Historiker gewesen, bevor sie auf einzelne Sachverhalte eingingen, die allgemeine Lage der Schweiz mit all ihren Facetten gründlich zu analysieren und, mit dem nötigen sensiblen staatspolitischen Verständnis, die sich danach aufdrängenden psychologischen, politischen, wirtschaftlichen und militärischen Schlüsse zu ziehen. Allein dieser gravierende Mangel würde eine Rückweisung beider Zwischenberichte über Gold und Flüchtlinge rechtfertigen!

War die Schweiz im Zweiten Weltkrieg nur vermeintlich oder tatsächlich bedroht?

Stellungnahme von Generalstabschef aD Hans Senn

Wir Zeitgenossen des Zweiten Weltkrieges hatten subjektiv viele Gründe, uns durch den deutschen Rassenwahn und Imperialismus bedroht zu fühlen: Übernahme der Macht durch die Nationalsozialisten, ihre Vision einer Vereinigung aller Germanen in einem grossdeutschen Reich, autoritäre Führung mit dämonischem Charakter, beschleunigte Aufrüstung, Einmarsch in die entmilitarisierten Rheinlande, Bildung der Achse Rom – Berlin, Annexion Österreichs, Besetzung der Sudetenlande und der Rest-Tschechoslovakei, tatenloses Zuschauen der Westalliierten. Unsere Befürchtungen erreichten einen ersten Höhepunkt nach der Eröffnung des deutschen Westfeldzuges. Sie schlugen nach dem Zusammenbruch Frankreichs und der fast völligen Umschliessung unseres Landes durch die Achsenmächte in Fatalismus um. Der erfolgreiche britische Widerstand gegen den deutschen Luftterror flösste uns neue Hoffnung ein. Der Ostfeldzug und das Engagement in Nordafrika banden deutsche Kräfte. Das Eingreifen der USA und die Niederlagen der Wehrmacht in Stalingrad und El Alamein gaben uns Auftrieb. Doch der Märzalarm 1943 und die Gerüchte über die Bildung einer Festung Europa liessen uns erneut einen deutschen Überfall befürchten. Im Herbst

1944, als die Fronten im Raum Belfort erstarrten, galt es, eine Umgehung über Schweizergebiet zu verhindern.

Bestand auch objektiv eine akute Gefahr? Als Zeitgenossen konnten wir diese Frage nicht schlüssig beantworten, weil sich das uns berührende Geschehen weitgehend hinter den öffentlichen Kulissen abspielte. Wir wissen heute, dass unser Nachrichtendienst sich im Mai 1940 durch deutsche Täuschungsmassnahmen in die Irre führen liess. Der Generalstab der Wehrmacht hatte im Winter 1938/39 geprüft, ob ein Durchmarsch durch die Schweiz nach Frankreich Vorteile bringen würde und war zu einem negativen Ergebnis gekommen. Bedrohlich entwickelte sich indessen die Lage im Sommer und Herbst 1940. In der Nachkriegszeit wurde bekannt, dass verschiedene Kommandostellen des deutschen Heeres in den Monaten Juni bis Oktober Angriffsplanungen gegen die Schweiz ausgearbeitet hatten. Manche Historiker betrachteten diese als Sandkastenspiele beschäftigungsloser Stäbe. Mit seinem 1990 erschienenen Buch DIE SCHWEIZ MUSS NOCH GESCHLUCKT WERDEN erbrachte Klaus Urner den Beweis, dass diese Studien auf Anordnungen Hitlers zurückzuführen sind. Verärgert über die Abschüsse deutscher Flugzeuge durch schweizerische Piloten, die misslungene Abschnürung unseres Landes im Westen und die kritische Haltung der Schweizer Presse befahl er am 23. Juni, Angriffsvorbereitungen zu treffen. Franz Halder, der Generalstabschef des Heeres, gab eine erste Studie für eine mit italienischen Streitkräften koordinierte «Operation Schweiz» in Auftrag. Das Gros der eidgenössischen Armee sollte durch Angriffe aus Osten und Westen vom Rückzug in die Alpen abgeschnitten, eingekesselt und vernichtet werden. Einige Tage später stufte Hitler die Dringlichkeit der Operation Schweiz zurück; abgeblasen wurde sie erst im November. Am 6. Juli marschierte die 12. Armee List an der schweizerischen Westgrenze auf und traf Angriffsvorbereitungen. Diese wurden vom schweizerischen Nachrichtendienst festgestellt, aber als militärische Druckversuche gewertet, um den Bundesrat zu Konzessionen bei den laufenden Wirtschaftsverhandlungen oder zu Anpassungen im politischen Bereich zu bewegen. Der italienische Generalstab plante seinerseits – in Absprache mit den Deutschen oder aus eigener Initiative – die Eroberung aller südschweizerischen Gebiete. Wäre Mitte Juli der Angriffsbefehl durch Hitler erteilt worden, hätte sich die schweizerische Armee in einer kritischen Phase der Umgruppierung zur Reduitverteidigung befunden. Nach verzweifeltem, aber hoffentlich heldenhaftem Kampf im Mittelland und vermutlich recht lange andauerndem Widerstand im Alpenraum hätte die Wehrmacht weite Teile des Landes besetzt. Uns war klar, was das zu bedeuten hatte: Einsatz einer Regierung von Landesverrätern, Inhaftierung führender Politiker und aller Juden, wirtschaftliche und finanzielle Ausbeutung des Landes, Zwangsrekrutierung von Arbeitssklaven für die deutsche Aufrüstung und von Wehrdiensttauglichen für den Einsatz an der Ostfront, Bombardierungen durch die Westalliierten. Diese Aussicht erforderte die Konzentration aller Kräfte auf eine Strategie des Überlebens.

Warum Hitler in Ausnützung der anfänglich für sein Vorhaben günstigen Konstellation das Vorhaben nicht in die Tat umsetzte, sondern auf die lange Bank schob, lässt sich nur vermuten. Er wollte wohl vermeiden, dass die Umsetzung seiner ehrgeizigen strategischen Ziele durch eine Nebenaktion mit unberechenbarem Ausgang beeinträchtigt werden könnte. Die Schweiz wurde zum Wartegau, den man sich nach dem Endsieg einverleiben würde. Angesichts der Niederlagen im Osten liebäugelten SS-Kreise mit dem Einbezug unseres Landes in eine Festung Europa und entwarfen entsprechende Operationspläne. Sie wurden aber durch die Wehrmacht zurückgepfiffen. Die deutsche Führung kam nach und nach zur Überzeugung, dass eine unabhängige und damit von Bombardierungen verschonte Schweiz ihnen mehr diente als ein von ihr beherrschtes, aber zerstörtes Land.

Gründungsmitglieder des AGG waren auch am «**Manifest der Veteranen des Aktivdienstes 1939–1945**» vom 3. April 1997 massgeblich beteiligt. Einige Schweizer Historiker hatten versucht, die Schweizer Armee zu diskreditieren (Frau Prof. Beatrix Mesmer von der Universität Bern behauptete, der Schweiz sei der Krieg nicht wegen, sondern trotz der Armee erspart geblieben, und Prof. Jakob Tanner von der Universität Zürich sah im Reduit eine Demutsgeste gegenüber den Deutschen!). Die Armee-Veteranen (heute Pro Militia) setzten sich gegen diese haltlosen Behauptungen zur Wehr und riefen die Rolle der Armee in Erinnerung. *(Anhang Nr. 13)*

Die Schweizer Medien
verbreiten trotz Selbstzensur Hoffnung

Ins grosse Mosaik der Gefährdungslage der Schweiz gehört auch ein Hinweis auf die Zurückhaltung, eine Art Selbstzensur, die sich die Schweizer Medien auferlegten. Trotz dieser freiwilligen Zurückhaltung verstanden es die Medien immer wieder, auf einer eigentlichen Gratwanderung, als Sprachrohr der öffentlichen Meinung unsere freiheitliche und demokratische Gesinnung zum Ausdruck zu bringen und über die Grenzen hinaus, vor allem im besetzten Europa und in Widerstandsbewegungen, Hoffnung und Zuversicht zu verbreiten.

Gegen Chefredaktoren wie Oeri (BASLER NACHRICHTEN), Bretscher (NZZ) oder Schürch (DER BUND) forderten die Nazis periodisch, aber stets erfolglos, Schreibverbote und Absetzung. Gegen den Radiochronisten Jean Rudolf von Salis wurden deutsche Störsender eingesetzt.

Unsere Regierung unterstützte diese Verbreitung schweizerischen Gedankenguts und die darin enthaltenen Aufrufe zur Stärkung des Widerstandswillens durch die Einrichtung und den Betrieb von (für die damalige Zeit) starken Kurz- und Mittelwellensendern und die Bereitstellung einer grossen Zahl von militärisch betriebenen Ersatz- und Notsendern im Reduit.

Auf diese Weise wurde die Schweiz für zahllose Europäer zu einem eigentlichen «Leuchtturm» der Freiheit und Demokratie.

Kein Verständnis für übergeordnete politische Interessen

Eine sorgfältige Analyse und Darstellung der Gefährdungslage hätte eindrücklich gezeigt, dass der Bundesrat bei seinen Entscheiden – etwa in der restriktiven Flüchtlingspolitik – stets nur ein Ziel anvisierte: den Existenzkampf zu gewinnen und die Schweiz aus dem Krieg herauszuhalten. Dieser Weg war oft eine schwierige Gratwanderung. Vorteile waren nicht ohne Nachteile politischer, wirtschaftlicher oder ideeller Art zu erwirken. Mitunter waren auch Härten gegenüber Dritten nicht zu vermeiden, in der Flüchtlingsfrage etwa bei der Wegweisung von Flüchtlingen. Auch in diesem Punkt fehlt der UEK das nötige politische Fingerspitzengefühl. Oder wurden entlastende Fakten bewusst verschwiegen?

Wie leicht wäre es der UEK gefallen, zum besseren Verständnis des schweizerischen Standpunktes, Vergleiche mit andern Staaten zu ziehen und zu zeigen, wie auch diese in der Vergangenheit immer wieder in einem übergeordneten Interesse fremde Opfer in Kauf nahmen.

Die USA warfen 1945 zur Beschleunigung des Kriegsendes und um weitere eigene Opfer zu vermeiden Atombomben auf Hiroshima und Nagasaki und nahmen Hunderttausende von zivilen Opfern in Kauf. Die Alliierten bombardierten gegen Ende des Krieges Hamburg und das mit Flüchtlingen überfüllte Dresden, was zu fürchterlichen Verlusten unter der Zivilbevölkerung und zu enormer Zerstörung dieser offenen Städte führte. Die NATO führte noch im letzten Jahrzehnt in Jugoslawien, im übergeordneten Interesse der Respektierung der Menschenrechte und um dem Bürgerkrieg Einhalt zu gebieten, einen Luftkrieg und nahm, abgesehen von Tausenden von Toten und Verletzten, in Kauf, dass ein Volk in seiner Entwicklung um ein halbes Jahrhundert zurückgeworfen wurde. Israel rechtfertigt seine völkerrechtswidrige

Besetzungspolitik in Palästina mit seinem eigenen Existenz-kampf. Die Liste liesse sich beliebig verlängern.

Politische Unterstellungen

Die UEK behauptet, «antisozialistischer Hass, Angst vor dem Bolschewismus, Angst vor Überfremdung und Antisemi-tismus» hätten zu den massgebenden politischen Strömun-gen des Bürgertums gehört. Dazu ist zu bemerken, dass der bei uns nirgends ausgeprägte Antisemitismus auch auf poli-tisch linker Seite anzutreffen war, dass angesichts der Arbeitslosigkeit der dreissiger Jahre Überfremdungsängste durchaus begreiflich sind und die Gewerkschaften zur Zeit des Aktivdienstes aus Sorge um die Arbeitsplätze der Wehr-männer während längerer Zeit dem Einsatz von Flüchtlingen auf dem Arbeitsmarkt opponierten.

Die Verantwortung des Bundesrates

Schuld an der Unausgewogenheit der Berichte der UEK trägt zweifellos teilweise auch unsere Landesregierung, die – offensichtlich aus politischen Gründen – Zwischenberichte anforderte, um im Rahmen ihres Verteidigungsdispositivs so schnell wie möglich den aussenpolitischen Druck zu behe-ben und die Gegner beruhigen zu können. Berichte, die unter Zeitdruck entstanden, mussten jedoch unvollständig bleiben und konnten nicht alle Aspekte berücksichtigen.

Angesichts der weltweiten Publizität mit ihren oft schäd-lichen Folgen für die Schweiz war die häppchenweise erfolg-te Veröffentlichung unvollständiger Berichte der UEK jeden-falls wenig sinnvoll. Dies gilt auch für die Mini-Berichte der UEK zuhanden der Londoner Goldkonferenz (1997). Es wäre angezeigt gewesen, die Publikation des vollständigen, umfas-senden Berichts abzuwarten, der sämtlichen historisch und rechtlich relevanten Aspekten Rechnung tragen soll.

Lob und Anerkennung, welche die Zwischenberichte seitens des Jüdischen Weltkongresses und der US-Regierung erfuhren, sprechen für sich.

Der schwerste Mangel:
Keine Gesamtschau der Gefährdungslage der Schweiz

– Von einer wissenschaftlichen Kommission hätte man erwarten dürfen, dass sie, wie bereits erwähnt, zuallererst in einer Gesamtschau die Lage der Schweiz im Zweiten Weltkrieg unter allen Gesichtspunkten, d.h. unter politischen, volkswirtschaftlichen, rechtlichen, kulturellen und militärischen Aspekten, untersucht. Sie hätte damit den grossen Hintergrund, die Schlüssel zum besseren Verständnis der Haltung des Landes im Würgegriff des Dritten Reichs bzw. der Achsenmächte vermittelt.

Statt dessen hat die UEK ohne Rücksicht auf den Gesamtzusammenhang die sensibelsten zwei Themen – Flüchtlingspolitik und Goldtransaktionen –, die ihres Erachtens am ehesten ein Maximum an Schuldzuweisung erlaubten, vorgezogen. Die UEK setzt sich damit dem Verdacht aus, den Anklägern der Schweiz – beabsichtigt oder nicht – Handlangerdienste geleistet zu haben, zeigen doch die Angriffe des Jüdischen Weltkongresses und die Schuldzuweisungen der UEK die gleiche Stossrichtung. Wie stark dabei der jüdisch-amerikanische Einfluss in der UEK war und ist, bleibe dahingestellt.

– Zur Gesamtschau hätten auch eine gründliche Würdigung des historischen Umfelds und aus dieser Sicht – gemäss Auftrag des Bundesrats – Quervergleiche mit anderen Staaten gehört. Beispielsweise ein Vergleich mit dem neutralen Schweden, das gleich wie unser Land einen äusserst engen Spielraum hatte und das Nazi-Deutschland gewichtigere Konzessionen gemacht hat als die Schweiz (Bewilligung des Durchmarsches deutscher Armee-Einheiten). Und wie haben sich – etwa in der Flüchtlingsfrage – andere europäische Länder oder die USA verhalten? Auch hier klafft, wie Beispiele noch zeigen werden, eine unverzeihliche Lücke. Nicht nur fehlen in wichtigen Fragen Angaben über bedeutungsvolle geschichtliche Fakten, etwa die politisch-strategische Lage in Europa, sondern man wird bei der Lektüre den Verdacht nicht los, dass für die USA oder jüdische Organisationen nachteilige Umstände bewusst verschwiegen werden, um so das Bild der Schweiz möglichst noch schwärzer erscheinen zu lassen.

Hätte die UEK zuerst die Gesamtlage analysiert, wäre klar geworden, dass die schweizerischen Behörden bei ihren Entscheiden stets auf eine Gesamtheit untereinander zusammenhängender Fragen politischer, wirtschaftlicher und militärischer Art Rücksicht zu nehmen hatten. Alle Beschlüsse waren tunlichst aufeinander abzustimmen und dem übergeordneten Interesse der Sicherung der Existenz, des Überlebens des Landes zu unterstellen. Dieser Entscheidungsmechanismus ist einem «Mobile» vergleichbar, das frei schwebend im Gleichgewicht gehalten werden muss, um nicht abzustürzen. Jede Störung des einen Teils bringt auch die anderen Teile aus dem Gleichgewicht.

Anklage und Verurteilung ohne Klärung der Rechtsfrage

Wer die Tätigkeit von Schweizer Regierung und Verwaltung vor, während und nach dem Krieg aus der Nähe verfolgte, weiss, wie sehr man sich bei allen Entscheiden in erster Linie vom Recht leiten liess. Dies galt insbesondere für die Aussenpolitik und erst recht in Zeiten von Krieg und Krise. Jahrzehntelange Erfahrung hatte der Schweiz immer wieder gezeigt, dass das Völkerrecht der beste Verbündete eines Kleinstaates ist, und dass die Respektierung des internationalen Rechts massgeblich zur Glaubwürdigkeit eines Landes beiträgt. Dies ist auch einer der Gründe, weshalb sich die Schweiz damals wie heute für die Stärkung und Weiterentwicklung des internationalen Rechts einsetzt.

Diese Respektierung des Rechts, verbunden mit einem feinen Rechtsempfinden, spielte auch bei den Entscheiden, die der Bundesrat während des Krieges zu fällen hatte, eine wichtige Rolle. Die UEK hat indessen die Rechtslage, das nationale und internationale Recht, zu wenig berücksichtigt. Wiederholt misst sie dem schwammigen Begriff der «moralischen Betroffenheit» mehr Bedeutung zu als dem Recht oder verweist auf eine spätere Klärung der Rechtsfrage. Sie misst – etwa im Flüchtlingsbericht – Tatbestände an den Menschenrechten, die zur Zeit des Zweiten Weltkriegs ebensowenig definiert waren wie ein Flüchtlingsstatut. Es ist unter diesen Umständen jedenfalls bezeichnend, dass der einzige Jurist der Kommission, Voyame, nach seinem Rücktritt erklärte, dass er sich, wie schon an anderer Stelle berichtet, mit seiner rechtlichen Argumentation ein wenig alleingelassen gefühlt habe. Auch der Leser des Flüchtlingsberichts gewinnt den Eindruck, dass von den Erkenntnissen des Gutachtens von Prof. Walter Kälin «RECHTLICHE ASPEKTE DER SCHWEIZERISCHEN FLÜCHTLINGSPOLITIK» *(Beiheft zum Flüchtlingsbericht UEK)* relativ wenig in die Texte der Historiker eingeflossen ist.

**Wie aus Einzelfällen
globale Schlussfolgerungen fabriziert werden**

«Was wahrgenommen wird, wird immer in der Art des Wahrnehmenden wahrgenommen.» (Thomas von Aquin)

Die in Gold- und Flüchtlingsbericht wenig wissenschaftliche Arbeitsmethode der UEK, besonders ihre Tendenz, sich auf (meistens emotionale) Einzelfälle zu konzentrieren, führt schnell zu undifferenzierten, verallgemeinernden Schlussfolgerungen.

Zwei Beispiele aus dem Flüchtlingsbericht zeigen nicht nur, wie fragwürdig dieses Vorgehen ist, sondern auch, wie sehr sich das Fehlen echter Zeitzeugen in der Kommission auswirkt.

– Die UEK behauptet, der Antisemitismus sei «im Sinne einer mentalen Grunddisposition der gesamten Gesellschaft die Ursache einer sozialen, wirtschaftlichen und politischen Marginalisierung der kleinen jüdischen Minderheit» *(Flüchtlingsbericht S. 276)*. Diese Behauptung ist in dieser Form unannehmbar. Es ist im Gegenteil erstaunlich, wie gross in der Schweiz der Widerstand gegen die jahrelange antisemitische Propaganda aus Nazi-Deutschland war.

– Gewiss, der Antisemitismus war in der Schweiz, wie schon vor dem Kriege, da und dort unterschwellig vorhanden, zwar nicht messbar, jedoch ohne Zweifel weniger stark und weniger virulent als, abgesehen von Nazi-Deutschland, in anderen europäischen Staaten und auch nicht in dem Ausmass, wie er sich heute, meist hinter vorgehaltener Hand (Antirassismus-Gesetz!), nach den Angriffen des WJC und dessen Umfeld auf unser Land, äussert.

– Besonders perfid ist die Unterstellung der UEK, antisemitische und fremdenfeindliche Mentalität hätte «in der Armee bis an die höchsten Stellen» gereicht *(Flüchtlingsbericht S. 170)*. Es wird unterschlagen, dass Korpskommandant (Dreisterngeneral) Herbert Constam einer jüdischen Familie angehörte und der 1. Adjutant von General Guisan, Major i Gst Albert Mayer, ein praktizierender Jude war.

Zeitzeugen berichten...

Die bestehende Akzeptanz der Juden in der schweizerischen Gesellschaft änderte sich während des Krieges kaum. Freundschaften und Bekanntschaften wurden wie vor dem Kriege weitergeführt. Jüdische Kameraden in der Armee wurden nicht anders behandelt als nicht-jüdische. Die traditionelle Bereitschaft, Flüchtlingen zu helfen, war ungebrochen. Die Empörung über die Deportationen und Konzentrationslager in Deutschland war echt. Auch hatte man Verständnis für die Schweizer Juden, die nach Übersee flüchteten.

Zweifellos erzielte die deutsche antisemitische Propaganda, mit Unterstützung der schweizerischen «Fröntler», in Radio und Presse, ihre Wirkung. Eine raffiniert orchestrierte Propaganda-Walze ging über das Land hinweg. Von deutscher Seite versuchte man, die Massnahmen der Nazis gegen die Juden mit Schauergeschichten über die deutschen Juden zu überspielen. An den Universitäten zirkulierten Karikaturen aus dem antisemitischen, deutschen Nazi-Blatt «Der Stürmer» und dem Schweizer «Eisernen Besen», dem Kampfblatt der «Nationalen Front» (solange diese Publikationen erschienen). Da und dort – hauptsächlich in den grösseren Städten – bestanden kleine virulente pro-deutsche und antisemitische Zellen, die sich von den deutschen «Erfolgen» wenn auch ohne Breitenwirkung beeindrucken liessen (Ruhe, Ordnung, keine Arbeitslosigkeit, Autobahnen, wissenschaftliche Leistungen und später der «Blitzkrieg»).

Eine gewisse Rolle spielte die Tatsache, dass die jüdischen Flüchtlinge mehrheitlich Deutsche waren. Aus der Sicht einer unterschwelligen Deutschfeindlichkeit lehnte man vor allem die Einreise deutscher jüdischer Flüchtlinge ab. Die gleiche Antipathie war, wie nach dem Kriege zu erfahren war, auch in den USA festzustellen, wo man Bedenken gegenüber einer allzu starken Immigration deutscher Juden hatte. Aus Politik und Wirtschaft waren auch Stimmen zu hören, die warnten, eine allzu grosszügige Aufnahme jüdischer Flüchtlinge könnte, wie in den USA, Juden einen unverhältnismässigen, unerwünschten Einfluss in Politik, Wirtschaft und Kultur verschaffen. Es bestanden im übrigen Befürchtungen, die Aufnahme zu vieler Juden würde den Antisemitismus fördern, eine Befürchtung, die auch in anderen europäischen Ländern und in den USA festzustellen war. *(Aus dem Bericht des AGG* WIE HABEN ZEITZEUGEN DIE FLÜCHTLINGSFRAGE ERLEBT?, *Oktober 1999, siehe Internet www.gelebte-geschichte.ch)*

– Wie kann man dem Schweizervolk (der gesamten Gesellschaft!) Antisemitismus vorwerfen, nachdem es proportional zur Bevölkerung mehr jüdische Flüchtlinge aufnahm als alle anderen Staaten, ein Land, auf dessen Bühnen (Schauspielhaus Zürich! u.a.) zahlreiche jüdische Schauspieler, Regisseure, Sänger und Kabarettisten spielten und an dessen Universitäten Juden lehrten und studierten? Oder man erinnere sich des Einsatzes unserer Kirchgemeinden, humanitärer Organisationen und vieler schweizerischer Persönlichkeiten zur Rettung jüdischer Flüchtlinge!

– Erinnert sei auch an das «Israelitische Wochenblatt für die Schweiz», das älteste Presseorgan seiner Art, das zur Zeit des Zweiten Weltkriegs auch über die Grenzen der Schweiz hinaus wirken konnte. Das Blatt registrierte dank seines ausgezeichneten Informationsnetzes die Vorgänge im Machtbereich des Dritten Reichs, kämpfte gegen den Antisemitismus und half, die Position der Juden im allgemeinen zu stärken.

– Was man im Bericht der UEK vergeblich sucht, sind die markanten Stimmen, die schon im Zweiten Weltkrieg dafür plädierten, dem Antisemitismus nicht nur mit Protesten, Warnungen und Drohungen zu begegnen, sondern eine vertiefte ehrliche Diskussion des Antisemitismus auszulösen, eine Idee, die auch heute noch – mehr denn je! – ihre Gültigkeit hat, auch wenn, nach ersten Eindrücken, das Antirassismus-Gesetz eine offene Diskussion eher behindert.

– Noch ungeheuerlicher ist eine zweite Behauptung der UEK: «die schweizerischen Behörden hätten – ob sie es beabsichtigten oder nicht – dazu beigetragen, dass das NS-Regime seine Ziele erreichen konnte»(!) *(Flüchtlingsbericht S. 286)*. Im Gegensatz zum Antisemitismus, der während des Naziregimes in der Schweiz kaum ein Thema war, steht fest, dass die abgrundtiefe Abneigung gegen die deutschen Nationalsozialisten bei uns allgegenwärtig war. Zeitzeugen, die die Kriegszeit bewusst erlebt haben, wissen, dass der Nationalsozialismus nahezu einhellig abgelehnt wurde, und dass selbst die vernachlässigbare Zahl von Anpassern keine aktiven Anschlussbefürworter waren. Man erinnere

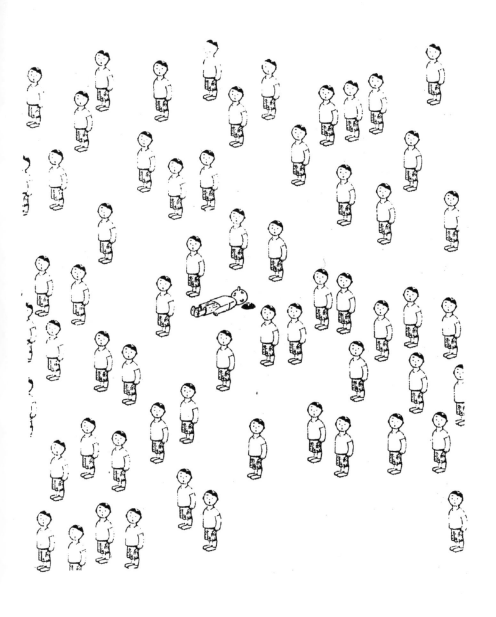

«Lieb Vaterland, magst ruhig sein – umgheit isch pro Tusig ein»
(Bö 1940 im Nebelspalter)

sich auch der mutigen kritischen Auseinandersetzung mit den Nazis in freier Meinungsäusserung auf Schweizer Bühnen oder in den Leitartikeln schweizerischer Zeitungen. Unvergessen in der Abrechnung mit dem Nationalsozialismus bleibt, um nur einen unter vielen Prominenten zu nennen, die klare Stimme des Basler Theologen Karl Barth, der unmissverständlich und mit prophetischer Kraft die «Nazi-Religion» anprangerte, was nicht zuletzt in den USA und England starken Eindruck machte. Sie alle sind Zeugen der nazi-feindlichen Stimmung in der Schweiz, aber auch einer Zensur, die relativ milde durchgeführt wurde und die aus sicherheitspolitischen Gründen vor allem die provozierende Anrempelung von Führungspersönlichkeiten des Dritten Reichs im Zaum zu halten hatte.

– Einmal mehr fehlt auch bei der Behandlung des Antisemitismus ein Vergleich mit den Verhältnissen im Ausland, etwa der Hinweis auf den damaligen starken Antisemitismus in den USA nicht nur im Volke und in der Verwaltung, sondern auch in der Armee bis in höchste Kommandostellen, wie das kürzlich erschienene Buch von J. Bendersky THE JEWISH THREAT, ANTISEMITIC POLITICS OF THE US-ARMY, N.Y. 2000, eindrücklich zeigt.

Die starke Vertretung militanter Antirassisten in der UEK dürfte auch dafür verantwortlich sein, dass man in den Berichten wiederholt den Eindruck gewinnt, der Antisemitismus sei die einzige Missetat der Nationalsozialisten, und ihre anderen Verbrechen, wie etwa die Zerstörung der Grundwerte der Demokratie, ja der ganzen westlichen Zivilisation, seien vernachlässigbar.

Wer hat wann was gewusst?

Wir Zeitzeugen erinnern uns noch gut, wie die ersten Meldungen über Konzentrationslager (und später über die Vernichtungslager) als «Gerüchte», «Übertreibungen» und «Kriegspropaganda der Alliierten» bewertet oder, weil «ungeheuerlich» und «unglaublich» einfach nicht geglaubt wurden. Ältere Zeitzeugen wiesen auf «ähnliche Greuelmärchen im Ersten Weltkrieg» hin. Selbst eingefleischte deutsche Anti-Nazis wollten die Meldungen nicht glauben. Daran konnte auch das schon in den dreissiger Jahren erschienene Buch von Wolfgang Langhoff DIE MOORSOLDATEN, das von den Konzentrationslagern berichtete, nichts ändern. Befreundete deutsche Gewährsleute, die darauf angesprochen wurden, waren selbst im Ungewissen und verwiesen auf Geheimhaltung und Meinungsterror im Dritten Reich, die es verunmöglichten, sich echte Informationen zu beschaffen. Erst später, gegen Ende des Krieges, als die amerikanischen Truppen in Deutschland vorrückten und erste offizielle Informationen und Fotos vorlagen, realisierte man im Volke die Verbrechen Nazi-Deutschlands in ihrem vollen Ausmass. Wusste der Bundesrat mehr?

In der Diskussion wurde damals schon die Frage aufgeworfen, weshalb die Alliierten den Bau und den Betrieb der Konzentrationslager sowie der Strassen- und Schienenwege mittels Bombardierung durch die Luftwaffe nicht verhindert haben.

Es darf schliesslich nicht vergessen werden, dass das Schweizervolk zu dieser Zeit in erster Linie mit gewaltigen Existenzproblemen, also vor allem mit sich selbst beschäftigt war, und dass Schreckensmeldungen aus den Kriegsgebieten – man denke etwa an die Flächenbombardierungen deutscher Städte – an der Tagesordnung waren und abstumpfend wirkten.

Interesse verdient in diesem Zusammenhang eine Aufzeichnung des Historikers Prof. J.R. von Salis, des europaweit wohl meistgehörten Schweizer Radio-Kommentators, in seiner Publikation SCHLOSS BRUNEGG, PROTOKOLL VOM 5.7.1988. Von Salis erklärt, die Schweiz habe «vom Holocaust, der Massentötung der Juden in Gaskammern, bis April 1945 nichts erfahren. Erst im April 1945, mit der Befreiung der Konzentrationslager durch vormarschierende Alliierte, wurden die furchtbaren Verbrechen langsam bekannt.»

6. Weitere kritische Anmerkungen zu den Berichten der Bergier-Kommission

Bericht über in der Schweiz liegende Vermögenswerte von Nazi-Opfern und Entschädigungsabkommen mit Oststaaten

Der Bericht wurde zwar vom EDA in Auftrag gegeben, jedoch von Mitarbeitern der UEK erstellt und zeigt die Mentalität der beiden Autoren. (Peter Hug/Marc Perrenoud)

Oberflächlicher Umgang mit Quellenmaterial und ideologische Hintergedanken

Der Bericht erhebt Vorwürfe wegen fehlender Rechtsgrundlagen, fehlender Orientierung der eidg. Räte und wirft den Behörden vor, sie hätten Unrecht begangen.

Bei gründlicher Lektüre des Quellenmaterials stellt man jedoch fest, dass die Rechtsgrundlagen in dem zur Diskussion stehenden Abkommen mit Ungarn und im Genehmigungsbeschluss der Bundesversammlung sowie im Bundesbeschluss vom 3. März 1975 über die nachrichtenlosen Konten zu finden sind, mit dem die eidg. Räte dem Bundesrat für alle seine Beschlüsse seit dem Bundesbeschluss vom 12. Dezember 1962 volle Decharge erteilt haben. Auch der Vorwurf der fehlenden Orientierung der eidg. Räte ist unrichtig.

Was das vertrauliche Protokoll zum Abkommen zwischen der Schweizerischen Eidgenossenschaft und der Ungarischen Volksrepublik vom 26. März 1973 anbelangt, wurden vier Kommissionen der eidg. Räte vom Bundesrat informiert, nämlich die Kommission des Nationalrates und des Ständerates zur Vorberatung des Bundesbeschlusses vom 3. März 1975 über die Verwendung der herrenlosen Vermögen sowie die aussenpolitischen Kommissionen beider Räte anlässlich der Vorberatungen des Bundesbeschlusses über die Genehmigung des Entschädigungsabkommens mit Ungarn. Die Information erfolgte im Rahmen des damals für vertrauliche Zusatzprotokolle zu Staatsverträgen Üblichen, oft mündlich und informell. Es bestand in dieser Hinsicht ein Vertrauensverhältnis zwischen dem Bundesrat und den Räten, namentlich den Kommissionen für Auswärtiges.

Nationalrat Hans Ueltschi (SVP/Boltigen BE) war Präsident und Berichterstatter der Sonderkommission des Nationalrates. Er liess sich durch die Verwaltung umfassend orientieren und dokumentieren. Sein Referat vor dem Nationalrat fasst in konziser Weise die in den eidg. Räten herrschende Meinung zusammen. Es ist das massgebende Dokument, das jedoch von den Verfassern des Berichts der UEK nicht beigezogen wurde.

Im übrigen lässt der Bericht ideologische Hintergedanken erkennen, etwa dort, wo er sich auf «dunkle Flecken» konzentriert, die Schweizer Diplomatie im Schlepptau der Wirtschaft sieht und ganz allgemein die damalige staatliche Tätigkeit herabwürdigt. Die Verfasser lassen einen eklatanten Mangel an Erfahrung erkennen, wie Staat und Wirtschaft ihre Probleme lösen. Dass sie sich gegenseitig zitieren und sich mit Fragen befassen, die nicht zum Thema gehören, sei nur am Rande vermerkt.

Zwischenbericht über die Goldtransaktionen der Schweizerischen Nationalbank mit Nazi-Deutschland

Was will der Goldbericht?

«Angesichts der wichtigen wirtschaftlichen und politischen Bedeutung des Goldes und der durch die systematische Raub- und Plünderungswirtschaft des NS-Staates aufgeworfenen moralischen Fragen hat die Kommission beschlossen, erste Ergebnisse ihrer Untersuchung zu präsentieren.

Gegenstand sind die Goldoperationen der Schweizerischen Nationalbank (SNB), schweizerischer Geschäftsbanken und anderer Teilnehmer am Goldmarkt...» *(Zwischenbericht der UEK, Mai 1998)*

Der Goldbericht weist so ziemlich alle Mängel auf, von denen im Kapitel 5 die Rede war.

Vernachlässigung des Gesamtzusammenhangs und mangelhafte Sachkenntnis

Wer erwartet hatte, einleitend eine Skizze der damaligen prekären Lage der Schweiz zu lesen, sieht sich enttäuscht.

Der ökonomische Sachverstand, etwa für die Währungspolitik und die klassischen Aufgaben einer Notenbank, fehlt weitgehend. Vergeblich sucht man nach dem nötigen Verständnis für die wichtige Aufgabe der Nationalbank, im Gesamtinteresse die Konvertibilität des Frankens aufrechtzuerhalten. Im Mittelpunkt der Goldpolitik der Nationalbank stand die Sorge um eine gesunde Währung und die Verhütung von Inflation. *(Anhang Nr. 14)*

Anklage und Urteil ohne Verteidigung und ohne Prüfung der Rechtsfragen

Völlig unverständlich ist die Verschiebung der Würdigung der Rechtsfragen, insbesondere des Völkerrechts, auf eine spätere Expertenkonsultation. Dabei steht für die Zeitzeugen fest, dass just die rechtliche Argumentation der Schweizerischen Nationalbank eine entscheidende Rolle gespielt hat.

Ohne die Rechtsfragen untersucht zu haben, schreckt die Kommission jedoch nicht davor zurück, den damals Verantwortlichen der SNB die Glaubwürdigkeit pauschal abzusprechen, wobei sie ungeniert aus heutiger Sicht urteilt. Der Rechenschaftsbericht der SNB (1946) wird als «argumentati-

ves Verteidigungsdispositiv gegen die Vorwürfe der Alliierten»
abgetan.

Die Kommission vergisst dabei, dass Gutgläubigkeit ein fun-
damentaler Rechtsbegriff ist, und dass die Gutgläubigkeit zu
vermuten ist, solange nicht das Gegenteil nachgewiesen ist.
Diesen Beweis bleibt die Kommission jedoch schuldig.
Bedeutungslos scheint der Kommission auch zu sein, dass
die Neutralität Bundesrat und Nationalbank zur Gleichbe-
handlung der Kriegsparteien verpflichtete.
Die Tatsache, dass der Schweiz keine Alternative zu ihrem
Handeln zur Verfügung stand, weil die US-Regierung völker-
rechtswidrig alle Gold- und Devisenbestände der Schweiz in
den USA blockiert hatte, wird möglichst verschwiegen.

Unannehmbar ist schliesslich die Unterstellung, es seien die
groben Anwürfe des WJC nötig gewesen, damit der Handel
mit Raubgold aus besetzten Ländern endlich öffentlich
gemacht worden sei. Bereits zehn Jahre zuvor hatte die SNB
einen detaillierten Bericht darüber publiziert (SNB BULLE-
TIN 1/1985), ohne dass damals publizistisches Zeter und
Mordio geschrien worden wäre.

Beschimpfung der Verantwortlichen der Nationalbank

Die Kommission behauptet, ihr Bericht sei keine Anklage-
schrift. Im gleichen Atemzug wirft sie jedoch den damals Verantwortlichen der Nationalbank den «Weg des geringsten
Widerstands, Routine, fehlende Vorstellungskraft, fehlende
Weitsicht» vor und erklärt: «Sie haben nicht begriffen, welche
Verbrechen und welche tragischen Schicksale sich hinter
ihren Worten, ihren Argumenten, ihrem Kalkül, ihrer Engherzigkeit und ihren Überzeugungen verbergen.»

Dem Leser des Berichts wird schon auf den ersten Seiten
klargemacht, mit welch «traurigen Akteuren» er es bei der
Lektüre zu tun haben wird. A priori wird ihm auf diese Weise
eine Wertung eingeträufelt, lange bevor er aufgrund der Lek-

türe selbst zu erkennen vermag, worum es sich eigentlich handelt. Damit werden im In- und Ausland in die Köpfe Vorstellungen projiziert, die nachträglich, wie die Erfahrungen inzwischen bestätigt haben, kaum mehr zu korrigieren sind.

Zeitzeugen erinnern sich indessen, wie umsichtig und erfolgreich die Nationalbank ihren gesetzlichen Auftrag im Interesse des Landes erfüllt hat und sichergestellt wurde, dass der durch den Krieg erschwerte Aussenhandel ohne Zahlungsschwierigkeiten abgewickelt werden konnte.

Wenn man die Protokolle des Direktoriums der Nationalbank aufmerksam liest, gibt man sich Rechenschaft, mit welcher Vielfalt verschiedenster Probleme sich die Nationalbank zu befassen hatte und mit wieviel Sorgfalt und Verantwortungsbewusstsein die Verantwortlichen diese Vielzahl von Problemen löste, die für die Existenz unseres Landes oft wichtiger waren als die Goldtransaktionen.

Die Verantwortlichen der Nationalbank – die Kommission nennt sie geringschätzig «Akteure» – verdienen im Gegenteil Dank und Anerkennung, nicht aber leichtfertige Verurteilungen, wie sie von der Kommission publiziert werden. Wenn der Schweiz der Krieg erspart geblieben ist, so hat zweifellos auch die Nationalbank einen wertvollen Beitrag dazu geleistet.

Sünden im Goldbericht

Die UEK würdigt kaum, dass die Aufrechterhaltung der Konvertibilität des Schweizerfrankens während des gesamten Zweiten Weltkriegs für das Land überlebenswichtig war. Die Konvertibilität verlangte, dass Importe in Franken bezahlt wurden und dass die Nationalbank jederzeit die Franken gegen Abgabe von Gold zurücknahm. Da ein Grossteil der Goldreserven in den USA blockiert war, blieb der Nationalbank praktisch nur der Erwerb deutschen Goldes. Die Nationalbank handelte im nationalen Interesse.

Die UEK ist auch unehrlich, indem sie nicht oder nicht genügend unterscheidet zwischen deutschen Goldlieferungen einerseits an die Nationalbank selbst und anderseits auf die Depots anderer Notenbanken bei der Nationalbank in Bern. Die Schweiz war auch nicht einfach die Drehscheibe für die Goldgeschäfte der deutschen Reichsbank. Nur ungefähr ein Drittel des deutschen Goldes gingen in oder durch die Schweiz. *(Zusammenfassung aus: Jean-Christian Lambelet:* LES RAISONS D'ETRE RECONNAISSANTS A LA COMMISSION BERGIER – *vollständiger Originaltext Anhang Nr. 14)*

Voreiliges Lob des Bundesrats

Kaum war der Goldbericht publiziert, wurde er vom Bundesrat mit voreiligem Lob bedacht: «Der Bundesrat will Klarheit über unsere Vergangenheit, wie es unseren selbstgewählten Grundsätzen von Wahrheit, Gerechtigkeit und Solidarität entspricht. Der nun vorliegende Zwischenbericht der UEK erfüllt in bezug auf die Goldtransaktionen der SNB dieses Ziel vollumfänglich.»

Vollumfänglich? Lassen es Bundesrat und Parlament tatsächlich zu, dass Tatbestände ohne Prüfung der Rechtsfragen beurteilt werden und dass damalige «Akteure», die den Dank des Vaterlandes verdient haben, von der Kommission auf unflätige Weise beschimpft werden? Wie viele Bundesräte, wie viele Parlamentarier haben den Bericht vollumfänglich gelesen?

(Siehe die Goldberichte I und II des AGG im Internet unter www.gelebte-geschichte.ch.)

Bericht «Die Schweiz und die Flüchtlinge zur Zeit des Nationalsozialismus»

Inhalt des Berichts

In der Einleitung weist die UEK darauf hin, dass sie sich in ihren Forschungen mit bisher wenig beachteten finanziellen und vermögensrechtlichen Fragen der schweizerischen Flüchtlingspolitik befasst. Klärungsbedürftig seien zudem die Rückweisungen von Flüchtlingen und die Aufenthaltsbedingungen der aufgenommenen Flüchtlinge. In drei Kapiteln wird die Flüchtlingspolitik vor und während des Krieges meist aufgrund der bisherigen Forschungsergebnisse dargestellt, ohne dass aber ein Vergleich zum Verhalten der anderen Staaten vorgenommen wurde. Danach wird anhand breit geschilderter Einzelschicksale die Lage der Flüchtlinge bei ihrer Aufnahme oder Rückweisung, in den Flüchtlingslagern und bezüglich ihrer Vermögensverhältnisse behandelt.

Der Bericht wird ergänzt durch Studien über die rechtlichen Aspekte der Flüchtlingspolitik, die Presseberichterstattung, die Personentransporte durch die Schweiz, die Freikauf-Aktionen sowie über die Sinti und Roma.

Gesamteindruck: das Vorurteil der herzlosen Schweiz

Schon nach der Lektüre der ersten Seiten des Berichts ist die Absicht der Autoren klar erkennbar: Das Bild der herzlosen Schweiz, wie es vom Jüdischen Weltkongress in seiner Verleumdungskampagne in die Welt gesetzt worden ist, soll bekräftigt, bestätigt und illustriert werden. *(Anhang Nr. 15, Pressecommuniqué des AGG vom 3. Dezember 1999 «Die Schweiz im Zweiten Weltkrieg: Flüchtlingsbericht der Bergier-Kommission»)*

Zu diesem Zweck werden einseitig die von den Nazis verfolgten jüdischen Flüchtlinge in den Mittelpunkt gestellt und eine Anzahl dramatischer Einzelfälle geschildert, die das

90

ganze Elend der Flüchtlingsschicksale widerspiegeln und die von den Autoren systematisch aggressiv und negativ, mit schweren Vorwürfen an die Adresse der schweizerischen Behörden, kommentiert werden. Gewiss sind alle diese geschickt selektionierten Einzelfälle ein Teil der damaligen Wirklichkeit. Sie ergeben jedoch in ihrer Einseitigkeit kein ausgewogenes geschichtliches Bild der Schweiz, wie man es von Historikern erwarten dürfte.

Der gleichen Absicht der Autoren dient auch das systematische Ausblenden der positiven Seiten der Flüchtlingspolitik, etwa all der Verdienste, die den Behörden für das zukommen, was sie für die 300'000 Flüchtlinge und Internierten in der Schweiz getan haben. Dies gilt auch für die Aktion «Schweizer Spende», die 1944 durch einen Parlamentsbeschluss gegründet und gleichzeitig mit 100 Millionen Franken öffentlicher Gelder dotiert wurde. Später kamen durch einen Spendenaufruf weitere 45 Millionen dazu, am heutigen Geldwert gemessen etwa 1,2 Milliarden. Die Schweizerspende half nicht nur bei der Linderung des enormen Elends in Europa, sondern stellte für die Besatzungsmächte eine wertvolle Unterstützung ihrer Bestrebungen für einen demokratischen Neubeginn dar. Abgesehen vom finanziellen Aspekt war die Einsatz- und Hilfsbereitschaft vor allem jüngerer Schweizer und Schweizerinnen sehr eindrücklich. Für die Aktivdienstgeneration war und ist die Schweizerspende ein Ausdruck des Mitgefühls für die von Tod und Elend heimgesuchten Menschen und der Dankbarkeit, vom Kriege verschont geblieben zu sein. Die UEK unterstellt jedoch im Flüchtlingsbericht (S. 264ff.), dass nicht Helferwille, sondern zu einem grossen Teil wirtschaftliche Argumente hinter dieser Aktion standen.

Die Sorgen, Einschränkungen und Zukunftsängste, die der Krieg den Schweizern im Aktivdienst und im Zivilleben brachte, die Verzichte und auch Opfer werden hier ebenso verschwiegen wie das übergeordnete Interesse, der Schweiz den Krieg zu ersparen. Symptomatisch ist auch die ungenügende Erwähnung der zahlreichen Beweise von Anerkennung und des Dankes der vielen, die von der Schweiz aufgenommen werden konnten. Für die, welche die Zeit des Zweiten Weltkrieges erlebt haben, ist dieser aggressive und unausgewogene Bericht ein Verrat an der Wirklichkeit, ein Verrat an der Wahrheit.

Die Wirklichkeit der Flüchtlingslager

Es ist bekannt, dass in ungewohnten Zwangsgemeinschaften von Menschen verschiedenster Herkunft, oft traumatisiert durch Flucht- und andere bittere Erlebnisse sowie beunruhigt durch die Ungewissheit über das Schicksal von Angehörigen, nicht selten psychische Störungen auftreten. Die Situation in den Lagern wurde dadurch noch erschwert, dass die ungenügend auf ihre Aufgabe vorbereiteten Lagerleiter bisweilen wenig Verständnis oder gar Argwohn zeigten. Die UEK bauscht diese Unvollkommenheiten auf, beklagt den «Massenbetrieb», die Reglementierung des Tagesablaufs, das «unangemessene Beharren auf Ordnung» und den oft «entwürdigenden und barbarischen Alltag». Was die Nächte betrifft, wird beanstandet, dass manche Flüchtlinge auf Stroh schlafen mussten – als ob nicht auch Hunderttausende von Schweizer Armeeangehörigen mit demselben «Komfort» zufrieden sein mussten. Nicht zu übersehen ist ferner, dass solche Lager und Unterkünfte beim unvorhergesehenen Andrang von Flüchtlingen in grosser Zeitnot bereitgestellt werden mussten.

Im Flüchtlingsbericht UEK S.160, Anm. 325, ist vermerkt, dass a. Nationalrat François Loeb auf einen Aufruf an ehemalige Flüchtlinge Antworten erhalten und diese an die UEK weitergeleitet hat. Die Kritik der UEK am Lagersystem wird in diesen Antworten zurückgewiesen.

Moralische Betroffenheit oder das üble Spiel mit Emotionen

Auch nach der ersten Lektüre der Bergier-Berichte kann man sich des Eindrucks nicht erwehren, dass die Autoren auf die Schuldfrage geradezu fixiert sind. Man will, wann

92

und wo auch immer, Schuld feststellen und Schuld zuweisen, aber auch Schuldgefühle erzeugen.

Zu diesem Zweck wählt die Kommission, wie der Flüchtlingsbericht illustrativ zeigt, den Massstab der «moralischen Betroffenheit». Mit einer Vielzahl geschickt ausgewählter dramatischer Einzelfälle werden beim Leser, nach der bekannten Manier der Boulevardpresse, Emotionen geweckt, aufgebauscht und angeheizt. Durch eine Vielzahl negativer Eindrücke wird ein Übergewicht geschaffen, von dem die kaum gewürdigten positiven schweizerischen Leistungen erdrückt werden.

Auch wenn die «moralische Betroffenheit» ein Modetrend des Zeitgeistes ist, darf der Moral kein höherer Stellenwert beigemessen werden als dem für den Verkehr unter Staaten geltenden Völkerrecht. Dieses beinhaltet die moralischen Werte der jeweiligen Zeit und regelt auf bewährte Weise das Zusammenleben der Völker. Übrigens: Welche Moral soll in dieser Zeit des moralischen Zerfalls des Westens als Massstab dienen? Die Moral, die weltweit gültig wäre, gibt es gar nicht. Also welche Moral? Etwa die Moral des zügellosen Kapitalismus? Oder die Moral der 14 EU-Staaten, als sie Österreich und seine legal und demokratisch gewählte Regierung unter Verletzung der Rechtsstaatlichkeit und mit einem alarmierenden Mangel an Demokratieverständnis mit Sanktionen belegten und demütigten? Oder die Moral Israels mit seiner Siedlungspolitik in Palästina?

Eines steht jedenfalls fest: Die Schweiz hat sich im Zweiten Weltkrieg an die Rechtsgrundsätze gehalten, die sie als neutraler Staat zwischen den Kriegführenden zu respektieren hatte. Diese Erkenntnis ist wichtiger als das üble Spiel, das die Bergier-Kommission mit Emotionen betreibt.

Es ist im übrigen klar, dass die Neutralitätspolitik eines kleinen Landes, das sich in höchster Gefahr im Existenzkampf befindet, nicht immer lupenrein war und sein kann und immer wieder einer Gratwanderung gleichkommt. Abweichungen im offenkundigen Notstand stehen im Einklang mit dem Völkerrecht.

Handwerk und Gesinnung: unerfüllte Erwartungen
Paul Stauffer

Das Studium des Flüchtlingsberichts führt zur Feststellung, dass einzelne seiner Ko-Autoren es an Verlässlichkeit im historiographisch «Handwerklichen» – sorgsame Auswertung der Quellen, gründliche Vertrautheit mit dem zeitgeschichtlichen Forschungsstand – haben fehlen lassen. «Historical correctness» im Sinne eines eifrig bekundeten gesinnungsethischen Rigorismus unter Rückprojektion heutiger Bewertungskriterien vermag diese Mängel nicht zu kompensieren. Das Siegel der Offizialität, unter dem der Bericht sich präsentiert, weckt hinsichtlich Fundiertheit und qualitativer Ausgeglichenheit der Darstellung hohe Erwartungen. Sie bleiben leider ein Stück weit unerfüllt. Die folgenden Beispiele mögen ferner zeigen, dass die Bergier-Kommission nicht in genügendem Masse dafür besorgt war, die einzelnen Beiträge ihrer Mitarbeiter kritisch zu überprüfen und aufeinander abzustimmen. Die Unebenheiten, die davon herrühren, dass bei der Ausarbeitung des Flüchtlingsberichts eine Vielzahl von Autoren weitgehend unkoordiniert am Werk war, sind in der Tat zum Teil gravierender Natur.

«Schwache Reaktion» oder «Grosse Empörung» auf Grenzschliessungsbeschluss von 1942?

Widersprüchlich äussert sich der Flüchtlingsbericht zur Reaktion der schweizerischen Öffentlichkeit auf die restriktive Asylpolitik der Bundesbehörden, wie sie sich namentlich im Grenzschliessungsbeschluss vom August 1942 manifestierte.

Es sei zu fragen, heisst es in der Zusammenfassung (S. 274), weshalb die öffentliche Meinung auf diese Politik «nur schwach reagierte». Aufgrund der einschlägigen Passagen vorausgehender Kapitel erweist sich diese kritische Bemerkung indessen als unberechtigt. Da wird etwa ein Kreisschreiben des Eidg. Politischen Departementes von Mitte November 1942 mit der Feststellung zitiert, «die öffentliche Meinung der Schweiz» spreche sich, «ungeachtet der politischen und sozialen Unterschiede ... in oftmals leidenschaftlichem Ton zugunsten einer weitergehenden und grosszügigen Gewährung des Asylrechts» aus. Im Nationalrat hätten – so der Bericht an anderer Stelle – die drei Regierungsparteien die bundesrätliche Linie zwar mehrheitlich unterstützt, aber aus allen politischen Lagern sei an den behördlichen Massnahmen auch vehemente Kritik geübt worden. Von «grosser Empörung» in der Öffentlichkeit ist anderswo die Rede. «Überrascht durch die Heftigkeit der Proteste» habe sich Bundesrat von Steiger veranlasst gesehen, seine Direktiven beziehungsweise deren Anwendungspraxis zu lockern.

«Schwache Reaktion» der schweizerischen öffentlichen Meinung? Der Kommissionsmitarbeiter, der zu diesem Befund gelangte, scheint sich nicht die Mühe genommen zu haben, die Forschungsergebnisse seiner Kollegen zur Kenntnis zu nehmen. Ein mildernder Umstand ist ihm dabei zuzubilligen: Sich in dem Bericht zurechtzufinden und einen Überblick darüber zu gewinnen, was darin an verschiedenen, mitunter weit auseinander liegenden Stellen zu ein und demselben Thema gesagt wird, ist nicht eben leicht, und eine konsequente, logisch durchgehend nachvollziehbare Gliederung des Gesamttextes nicht zu erkennen. Der Genfer Zeitgeschichtler Jean-Claude Favez, der das jüngste Produkt der Bergier-Kommission alles in allem eher wohlwollend beurteilt, äussert sich zu diesem Punkt unzweideutig: «... le récit est trop long, parfois confus, souvent répétitif». *(LE TEMPS, 3. Februar 2000)*

Der vorstehende Text ist ein Auszug aus einem am 20. April 2000 in der NZZ erschienenen Artikel. Fortsetzung dieses

Artikels mit Angaben zu den Themen «Kein J-Stempel ohne die Schweiz», «Geheimhaltung der «Endlösung»: Was war wem bekannt?» und «Kritik am IKRK: C.J. Burckhardts verschlossenes Wissen» im Anhang Nr. 16.

Paul Stauffer, Dr. phil. Historiker, langjähriger schweizerischer Botschafter, ist Verfasser verschiedener Beiträge zur Zeitgeschichte. Im NZZ-Buchverlag sind von ihm erschienen: CARL J. BURCKHARDT. FACETTEN EINER AUSSERGEWÖHNLICHEN EXISTENZ (1991) und SECHS FURCHTBARE JAHRE..., AUF DEN SPUREN CARL J. BURCKHARDTS DURCH DEN ZWEITEN WELTKRIEG (1998).

Irritierende Akrobatik mit Flüchtlingszahlen

Noch heute wissen wir nicht, wieviele Flüchtlinge an der Grenze abgewiesen wurden. Dem Beobachter bietet sich ein widersprüchliches und verwirrendes Bild.

Die Bergier-Kommission übernimmt die Zahl von 24'398 aus einer Arbeit des Bundesarchivs *(Guido Koller, 1996)* ohne eigene Untersuchung, ob diese Zahl auch richtig ist, fügt aber bei, sie «dürfte höher liegen, sei angesichts der Quellenlage aber nicht mehr exakt zu berechnen». Während der zweite Teil dieses Zitats richtig ist, hängt folglich der erste völlig in der Luft. Kritiker der Kommission sprechen aufgrund eigener Berechnungen von 20'000, 14'500, 9700 und 5000 Flüchtlingen. Dagegen wird das Bundesarchiv in den Medien sogar mit der Zahl von 30'000 zitiert.

Was stimmt nun? Wie wurde die «offizielle» Zahl von 24'398 errechnet?
– Wurden Doppel- oder Mehrfachzählungen, d.h. die Zahl der Flüchtlinge, die zwei- oder mehrmals die Einreise versuchten und abgewiesen oder doch noch eingelassen wurden, berücksichtigt? Um wie viele Flüchtlinge müssen die Zahlen der registrierten Rückweisungen oder jene der schriftlich abgewiesenen Personen nach unten korrigiert

werden? Selbst der Autor des Berichts des Bundesarchivs anerkennt grundsätzlich die Notwendigkeit einer Reduktion der ursprünglich angenommenen Zahlen! *(DIE WELTWOCHE, 31. August 2000)*

– Weshalb werden alle Flüchtlinge, ob jüdische oder nichtjüdische, in einer Gesamtzahl zusammengefasst? Weshalb geht man nicht im Detail auf alle Gruppen von Flüchtlingen ein? An der Grenze wurden bekanntlich auch Angehörige der Deutschen Wehrmacht, des Volkssturms, der SS-, SA- und Gestapoverbände und der italienischen Armee abgewiesen *(LUDWIG-BERICHT, S. 312)*. Weshalb wird die im Ludwig-Bericht aufgeführte Statistik nicht erwähnt, der zufolge nur 14% der erfassten zurückgewiesenen Flüchtlinge Juden waren?

– Weshalb wurden die Überlebenschancen der abgewiesenen Flüchtlinge nicht näher untersucht? Der Grad der Gefährdung war für die verschiedenen Flüchtlingsgruppen erfahrungsgemäss sehr unterschiedlich. So war etwa die Bedrohung für aus Deutschland entwichene Zwangsarbeiter oder für Elsässer, die sich dem Einzug in die deutsche Armee entziehen wollten, zum Teil weniger drastisch als für jüdische Flüchtlinge.

Weitere Fehler im Flüchtlingsbericht

Aber auch andere wichtige Fakten wurden nicht in Betracht gezogen. Prof. Jean-Christian Lambelet von der Universität Lausanne weist in einer sorgfältigen Analyse des Berichts auf alarmierende Ungereimtheiten hin:

– Vergeblich sucht man im Bericht nach einer genauen Untersuchung der Frage, welche Auswirkungen die völlige Öffnung der Grenzen gehabt hätte. Wäre diese Frage untersucht worden, wäre man zum Schluss gelangt, dass der Schweiz nichts anderes übrig blieb, als einen Mittelweg zwischen völliger Öffnung und völliger Schliessung der Grenze zu wählen. Im Falle einer völligen Öffnung der Grenzen wäre die Schweiz wohl von Hunderttausenden überschwemmt worden.

– Ungeklärt ist auch das offensichtliche Auseinanderklaffen von offiziellen Verlautbarungen und der Praxis der Flüchtlingspolitik. Gegen aussen, gegenüber den anderen Staaten, musste dissuasiv Härte ausgespielt werden, um eine abschreckende Wirkung zu erzeugen und den Flüchtlingsstrom nicht noch mehr anschwellen zu lassen. Gegen innen, in der täglichen Praxis, an der Grenze, zeigte man indessen, bei grossem Ermessensspielraum der lokalen Behörden, Toleranz. Die Taten waren besser als die öffentlichen Erklärungen. Die Schweiz wurde in der bekannten Zwangslage soweit wie möglich ihrer humanitären Tradition gerecht. Als die Zeit am dramatischsten war und sich die grösste Zahl von Flüchtlingen in die Schweiz drängte, hat unser Land die Grenze am weitesten geöffnet. Die Bergier-Kommission konzentriert sich indessen in erster Linie auf die offiziellen Weisungen und vernachlässigt die Praxis der Flüchtlingspolitik.

– Niederschmetternd sind die zahlreichen und manchmal bestürzenden Widersprüche zwischen den im Bericht angeführten Fakten einerseits und den daraus gezogenen Schlussfolgerungen anderseits. So wird der Beschluss vom 13. August 1942 zur Schliessung der Grenze als einer der beiden grundlegenden Angelpunkte der Flüchtlingspolitik hervorgehoben. Nun zeigen aber die im Bericht angeführten Zahlen, dass in den auf den Beschluss folgenden Monaten der Zustrom an Flüchtlingen massiv angestiegen ist und dass die grosse Mehrheit auch Aufnahme gefunden hat. Der Beschluss ist also weitgehend nicht befolgt worden. Die UEK bleibt eine Erklärung dazu schuldig und weist nicht einmal darauf hin.

Prof. Lambelet kommt in seiner sorgfältigen Analyse zu den folgenden Erkenntnissen:
– 86% aller Flüchtlinge, die sich an der Grenze meldeten, wurden aufgenommen, 14% abgewiesen,

Eine Studie des Genfer Staatsarchivs unter Leitung von Cathérine Santschi *(Flückiger et Bagnoud, 2000)* gelangt aus der Sicht des Raumes Genf auf eine Gesamtzahl an der Schweizergrenze zurückgewiesener Flüchtlinge von weniger als 5000. In der gleichen Grössenordnung bewegt sich eine Untersuchung von Ruth Fivaz-Silbermann an der Universität Genf mit Unterstützung des Schweizerischen Nationalfonds «Le Refoulement de Réfugiés Civils: Juifs à la Frontière Franco-Genevoise». Der jüdische Historiker und Nazi-Jäger Serge Klarsfeld, in dessen Pariser Verlag die Arbeit erschienen ist *(Fivaz-Silbermann, 2000)*, betonte bei ihrer Präsentation, dass die von der Bergier-Kommission genannten Zahlen nicht stimmen können und er mit einem Maximum von 5000 Zurückgewiesenen rechne. *(LE TEMPS, 9. November 2000)*

Wie gross die Zahl der aufgenommenen und abgewiesenen Flüchtlinge auch immer war, eines steht jedenfalls fest: Wäre es der Schweiz durch eine umsichtige Aussen-Wirtschafts- und Wehrpolitik nicht gelungen, das Land aus dem Krieg herauszuhalten, hätten noch viele mehr den Krieg nicht überlebt. Dies gilt auch für die mehr als zehntausend Schweizer Juden und die fast ebenso grosse Zahl der damals in der Schweiz wohnhaften ausländischen Juden. Wäre die Schweiz in den Krieg gezogen worden, hätten Schweizer Diplomaten wie etwa Carl Lutz in Budapest und Schweizer Delegierte des Internationalen Komitees vom Roten Kreuz nicht Zehntausende von Juden auf der Flucht oder in Konzentrationslagern vor dem sicheren Tod retten können. Und wohin wären die über 80'000 Militär- und Zivil-Internierten nach dem Zusammenbruch Frankreichs 1940 und nach dem Waffenstillstand mit Italien (1943) geflüchtet, wenn die Schweiz von den Nazis besetzt worden wäre? Auch diese Zusammenhänge hätten eine vertiefte Würdigung durch die Bergier-Kommission verdient. *(Flüchtlings- und Internierten-Zahlen, Anhang Nr. 17)*

Auch Henry Spira, Genf, hat aufgrund eigener Nachforschungen weithin unbekannte Begebenheiten mit Flüchtlingen, insbesondere aus dem Territorialkreis Genf, ans Licht gebracht. Die interessanten Ergebnisse seiner Untersuchungen sind im Internet abrufbar unter: www.geneve.ch/archives («Les réfugiés de la frontière genevoise» und «Contributions d'auteurs indépendants»).

Die Schweiz hat damit in ihrer Zwangslage und angesichts grosser existenzieller Probleme mehr an Gutem getan, als ihr heute an Üblem vorgeworfen wird.
(Siehe den Flüchtlingsbericht des AGG im Internet unter www.gelebte-geschichte.ch.)

Auch bei einer Korrektur des Zahlenmaterials ist das Unglück bereits geschehen

Alle diese Beispiele, die beliebig vermehrt werden könnten, zeigen klar, wie nötig eine grundlegend neue Bearbeitung des Zahlenmaterials unter Beizug kompetenter Fachleute ist. Ohne Neubearbeitung gewinnt die UEK das erschütterte Vertrauen nicht zurück, und der Eindruck bleibt bestehen, die Kommission habe die Zahlen so geordnet und manipuliert, dass sie dem von ihr konstruierten (Vor-)Urteil einer herzlosen Schweiz entsprechen. Doch, auch im Falle einer Korrektur «nach unten» ist die Fehlinformation bereits erfolgt. Die Weltpresse (aber auch der Bundesrat und prominente Politiker) haben die durch keine genauen Fakten gestützte Behauptung der Kommission und des Bundesarchivs – 24'000 bzw. 30'000 abgewiesene Flüchtlinge – tel quel übernommen und damit die unser Land schwer belastende Anklage ausgelöst (wobei die Gesamtzahl von 30'000 jüdischer und anderer Flüchtlinge in den Medien unbesehen nur auf jüdische Flüchtlinge bezogen wurde).

Sollte die Flüchtlingsfrage in einer späteren Zeit wieder aufgegriffen oder zum Gegenstand neuer Angriffe werden, verfügt die Schweiz mit dem Bericht in der vorliegenden Form über keine brauchbare Grundlage.

Auftrag von Bundesrat und Parlament nicht erfüllt

Die Bergier-Kommission besitzt die notwendige historische und ökonomische Kernkompetenz nicht, ihren Forschungsauftrag gemäss den Vorgaben von Parlament und Bundesrat zu erfüllen. Dies zeigt eine Studie, die in der «Zeitschrift für Geschichtswissenschaft» in Berlin erschienen ist. Die finanziellen Aspekte der schweizerischen Flüchtlingspolitik sind schlecht aufgearbeitet: Forschungslücken, Fehler und bewusste Ausblendungen – dies sind die Hauptkritikpunkte, die der Verfasser des hier folgenden Beitrags in der NZZ und in LE TEMPS nachgewiesen hat. Der akribisch aus den Quellen erarbeiteten Kritik vermochte die Bergier-Kommission nichts entgegenzusetzen. Im übrigen mussten die Kommissionsmitglieder schwerwiegende inhaltliche Fehler öffentlich eingestehen, was im Nationalrat zu einem Postulat der SVP-Fraktion auf Rückweisung und Überarbeitung des mangelhaften Flüchtlingsberichts geführt hat. Und wiederum konnte die Kritik nicht entkräftet werden, vielmehr gestand auch der Bundesrat in seiner Antwort auf das erwähnte Postulat ein, der Flüchtlingsbericht weise «gewisse Lücken und Mängel» auf. Doch trotz eindeutiger Faktenlage hat sich der Bundesrat nicht entschliessen können, seine Expertenkommission auf eine sachgetreue Darstellung der Flüchtlingspolitik zu verpflichten.

Ungenügende Grundlagenarbeit der Bergier-Kommission führt zu unzutreffenden Schlussfolgerungen

Elmar Fischer

Über die Auswahl von Quellen und ihre Interpretation durch die Bergier-Kommission liesse sich endlos diskutieren. Über Zahlen hingegen nicht. Die sind richtig oder falsch. Im Bergier-Flüchtlingsbericht sind sie häufig falsch. Genauso die darauf basierenden Schlussfolgerungen.

Falsch sind etliche der Berechnungen zur Finanzierung des Flüchtlingswesens. Rund 70 Millionen Franken sollen die Hilfswerke in den Jahren 1933 bis 1947 auf die Unterstützung der Flüchtlinge verwendet haben. Diese Zahl stimmt nicht. Denn darin sind auch Beiträge des Bundes an die Hilfswerke enthalten. Allein 3,2 Millionen Franken soll der Bund an die Ausgaben des Verbandes Schweizerischer Jüdischer Flüchtlingshilfen (VSJF) beigetragen haben. Doch auch diese Zahl hält einer Überprüfung nicht stand. In den von der Bergier-Kommission als Bundesbeiträge ausgewiesenen 3,2 Millionen Franken sind mehrere hunderttausend Franken enthalten, die der Bund von den Vermögenden unter den Flüchtlingen als «Solidaritätsabgabe» erhoben hat. Es ist daher falsch, diese effektiv von Flüchtlingen geleisteten Zahlungen unter die Bundessubventionen an die Hilfswerke zu subsumieren. Dieser Fehler weist auf einen grundlegenden Mangel hin: Was die Flüchtlinge selbst zur Bestreitung ihrer Aufenthaltskosten beigetragen haben, weist die Bergier-Kommission nicht aus. Dies erstaunt um so mehr, als sie mit ihrem Flüchtlingsbericht die Opferperspektive aufzeigen wollte. – Dass der Expertenkommission zum Teil gar Rechenfehler unterlaufen sind, macht selbst für den Laien deutlich, wie es um die Qualität des Zahlenmaterials bestellt ist.

Die ungenügende Grundlagenarbeit führt zu zahlreichen Fehlinterpretationen. So gelangt die Bergier-Kommission aufgrund ihres fehlerhaften Zahlenmaterials zur unzutreffenden Schlussfolgerung, die Juden in der Schweiz hätten die finanzielle Hauptlast für die Betreuung der jüdischen Flüchtlinge getragen. Dem war jedoch nicht so: In den Jahren 1942 und 1943 nahm die Schweiz rund 23'000 schutzsuchende Zivilpersonen auf. 15'000 dieser 23'000 Zivilflüchtlinge waren Juden. Dennoch stiegen die Ausgaben der jüdischen Flüchtlingshilfe VSJF von rund 2 Millionen Franken im Jahre 1941 lediglich auf rund 3 Millionen Franken im Jahre 1943. Die 15'000 aufgenommenen jüdischen Zivilflüchtlinge hatten für die jüdische Flüchtlingshilfe also lediglich Mehrkosten von 1 Million Franken verursacht. Hingegen vervielfachten sich die Aufwendungen des Bundes für das Flüchtlingswesen im gleichen Zeitraum von 1,8 Millionen auf 18 Millionen Franken. Das Hochschnellen der Ausgaben des Bundes zeigt somit deutlich, wo die Kosten für den Unterhalt der Flüchtlinge – jüdische und nichtjüdische – anfielen und wer die finanzielle Hauptlast zu tragen hatte.

Verantwortlich für die zahlreichen Fehler des Flüchtlingsberichts ist nicht zuletzt eine Arbeitsweise, die wissenschaftlichen Ansprüchen in keiner Weise zu genügen vermag. Bei der Überprüfung der verwendeten Quellen entpuppen sich die «Forschungsergebnisse» zum Teil als nichts weiter als die seitenweise Abschrift aus einem Dokument im Bundesarchiv unter Vernachlässigung jeglicher Quellenkritik. Diese oberflächliche Arbeitsweise zeigt, dass der Projektleitung die erforderlichen Ressourcen für die Aufarbeitung der finanziellen Aspekte der Flüchtlingspolitik nicht zur Verfügung standen. Offensichtlich hat die Forschungsleitung viel Zeit darauf verwendet, Flüchtlingsschicksale zu recherchieren und den zahlreichen Publikationen zu Themen wie dem J-Stempel oder der Aufnahme und Rückweisung von Flüchtlingen eine weitere Darstellung hinzuzufügen, so dass für die Bearbeitung des eigentlichen Forschungsauftrags, finanzielle Fragen im Zusammenhang mit der Flüchtlingspolitik zu klären, die Ressourcen nicht mehr ausreichten. Mit ihrem ineffizienten Projektmanagement hat die Bergier-

Kommission die wohl einmalige Gelegenheit verpasst, Fragen zu finanziellen Belangen der schweizerischen Flüchtlingspolitik zu beantworten, die einzig jetzt dank des privilegierten Zugangs zu Privatarchiven hätten geklärt werden können.

Dieser Kurzbeitrag basiert auf der ausführlichen Kritik, die Elmar Fischer am Flüchtlingsbericht geübt hat. Vgl. dazu: Elmar Fischer, Flüchtlingsbericht der Bergier-Kommission. Kritische Anmerkungen zu den Ausführungen über finanzielle Aspekte der schweizerischen Flüchtlingspolitik, in ZEITSCHRIFT FÜR GESCHICHTSWISSENSCHAFT, *Berlin September 2000, S. 807–837. (Vgl. auch die Beiträge des Verfassers in der* NZZ *vom 19./20. August 2000, S. 100, und in* LE TEMPS *vom 12. Oktober 2000, S. 13.)*

Was die Bergier-Kommission verschweigt

Bis 1942 war der Schweizerische Israelitische Gemeindebund (SIG) mit der Flüchtlingspolitik des Bundesrates einverstanden. Dies geht aus Protokollen des SIG hervor, die beim Institut für Zeitgeschichte der ETH archiviert sind.

– Fremdenpolizei und SIG arbeiteten von 1938 bis 1942 eng zusammen. Es bestand eine offenkundige gegenseitige Wertschätzung. Der Präsident des SIG und der Chef der Fremdenpolizei, Heinrich Rothmund, kannten sich gut.

– 1938 forderte der SIG eine Einreisebeschränkung für Flüchtlinge. Die Jüdische Gemeinde in Wien wurde vom SIG ersucht, «jeden Versuch eines illegalen Übertritts in die Schweiz zu unterdrücken und zu verhindern». Im übrigen wurde «dringend von der Unterbringung von Kindern in der Schweiz abgeraten, da keine Sicherheit besteht, sie nach Abschluss des Schulbesuchs im Ausland unterzubringen».

– Gegen die Aufnahme zu vieler Flüchtlinge führte der SIG finanzielle, arbeitsmarktliche und aussenpolitische Gründe an. Auch sah der SIG das Risiko der Zunahme des Antisemitismus, falls die Flüchtlinge in der Schweiz blieben.

– Erst ab Sommer 1942 distanzierte sich der SIG von der Flüchtlingspolitik des Bundesrates.

Weshalb verschweigt die Bergier-Kommission diesen Tatbestand und erklärt, «dass der SIG sich nie für die Sperrung der Einreise aussprach»? Offensichtlich ging es hier einmal mehr um die Schonung jüdischer Organisationen durch Beschönigung historischer Fakten.

Geschichtsschreibung durch Weglassen
Die Stimme eines jüdischen Journalisten:

Mängel des Bergier-Berichts

Was im Bergier-Bericht fehlt, ist die systematische Behandlung der Fremdeinflüsse auf die schweizerischen Entscheidungen. Die Bedeutung dieses Mankos kann anhand des folgenden Beispiels demonstriert werden:
Es ist zwar das grosse Verdienst der Kommission, dass sie den praktisch unbekannten Freikauf von holländischen Juden und dessen Schweizer Aspekte bearbeitete. Dagegen verpasste sie die Chance, konsequenter aufzuzeigen, dass dieser Freikauf sowie andere Versuche, eine grosse Anzahl von Juden zu retten, nicht zuletzt am Widerstand der Alliierten und an der sehr fragwürdigen Rolle jüdischer Organisationen scheiterten. Hier mangelte es der Bergier-Kommission offensichtlich an Mut, diesen tabuisierten Bereich gebührend zu behandeln. Entsprechend wurden auch die für die schweizerische Geschichtsschreibung sehr relevanten israelischen Archive nicht konsultiert.

Keine Courage zeigte die Kommission auch bei der Verarbeitung der damaligen Haltung einiger führender schweizerisch-jüdischer Persönlichkeiten, die für eine Einreisesperre für jüdische Flüchtlinge plädierten. Hier beschönigt und verdreht der Bericht gar die damaligen Sachverhalte, welche bis heute Gegenstand innerjüdischer Diskussionen sind; man weiss in der jüdischen Gemeinde nicht genau, wie mit dieser Schande umzugehen ist. *(Shraga Elam, Leserbrief, NZZ, 11. Januar 2000)*

Die Belastung durch Militärinternierte

Der Flüchtlingsbericht der UEK erwähnt in der Einleitung das Problem der Militärinternierten und macht sogar die Angabe «zu den 104'000 Militärflüchtlingen zählten auch hospitalisierte Soldaten, Deserteure, Refraktäre und entwichene Kriegsgefangene». Aber im Gegensatz zu «Roma, Sinti und Jenische», denen ein ganzes Beiheft gewidmet ist, wird geflissentlich darauf verzichtet, auf die enorme Belastung der Schweiz durch Militärinternierte hinzuweisen. Gemäss dem Bericht des Generaladjutanten der Armee mussten z.B. 1940 beim Zusammenbruch Frankreichs innert kurzer Zeit total 42'901 Franzosen und Polen aufgenommen werden, und 1943 nach dem Waffenstillstand zwischen den Alliierten und Italien gab es einen Ansturm von nahezu 40'000 Mann. Während ein Teil dieser Leute verhältnismässig bald in ihr Heimatland zurückkehren konnte, blieben viele andere aus ganz verschiedenen Nationen stammende Militärinternierte lange Zeit in der Schweiz. Dass diese militärischen Flüchtlingswellen bei ihrer Aufnahmebewältigung und bei ihrer jahrelangen Betreuung unser Land vor schwer zu lösende Aufgaben stellten und deshalb auch Konsequenzen für das Flüchtlingsproblem als Ganzes hatten, wird von der Bergier-Kommission nicht berücksichtigt.

Die Enttäuschung der Konferenz von Evian

Der Bundesrat hatte bei seinen Beschlüssen zur Flüchtlingspolitik auf die verschiedensten Fakten Rücksicht zu nehmen, so etwa auch auf das negative Ergebnis der Flüchtlingskonferenz von Evian 1938, die der Aufnahme und Verteilung von Flüchtlingen gewidmet war.

Anlässlich der unter amerikanischer Ägide stehenden Evian-Konferenz, 1938 am französischen Genfersee-Ufer, wären die Schweiz und Holland bereit gewesen, jüdische und andere Flüchtlinge aus Deutschland und dem besetzten Österreich im Transit aufzunehmen. Die meisten der übrigen 31 teilnehmenden Staaten weigerten sich, ihnen Asyl zu gewähren (Stafford).

Die Schweiz wäre bereit gewesen, Flüchtlinge im Transit zeitweise aufzunehmen. Nachdem jedoch kein einziger der 31 teilnehmenden Staaten seine Grenzen für Flüchtlinge öffnen wollte, musste die Schweiz auf ihr Angebot verzichten, weil gegebenenfalls die aufgenommenen Flüchtlinge keine Möglichkeit zur Weiterreise in einen Drittstaat, etwa in ein Land ausserhalb der Zone der Kriegsgefahr, gehabt hätten.

Verschiedene Teilnehmerstaaten erkannten erst während der Evian-Konferenz das dramatische Ausmass des Flüchtlingsproblems und verschärften ihre Flüchtlingspolitik. Für die Verschärfung waren die verschiedensten (auch antisemitische) Gründe massgebend.

Besondere Zurückhaltung zeigten die USA, die das Problem als eine europäische Angelegenheit betrachteten. Interesse verdient in diesem Zusammenhang die Tatsache, dass die Schweiz bis 1945 (im Verhältnis zur Bevölkerungszahl) gegen 40mal mehr Flüchtlinge aufgenommen hat als die USA (mit 22'000 jüdischen Flüchtlingen).

Der Judenstempel: keine schweizerische Initiative!

Am 31. März 1954 verbreitete DER SCHWEIZERISCHE BEOBACHTER die Behauptung, die Schweiz habe den Judenstempel veranlasst («Dem Schweizer Rothmund, Chef der Polizeiabteilung, kommt das schreckliche Verdienst zu, den Nationalsozialisten den Weg zur amtlichen Kennzeichnung der Juden geebnet zu haben.»).

Während Jahrzehnten stützten sich Kritik, Anklagen und Angriffe gegen die Schweiz auf diese Behauptung. So sprach etwa Bundesrätin Dreifuss *(NZZ vom 8. Mai 1995)* von Schweizer Beamten und vom Bundesrat, die «den Judenstempel erfanden und verlangten». Unterstaatssekretär Eizenstat erklärte in seinem Bericht vom 7. Mai 1997, die Schweiz habe die Nazis von der Notwendigkeit des Judenstempels überzeugt, und Schriftsteller Adolf Muschg schreibt (1998) in seinem Buch «O mein Heimatland»: «Herr Heinrich Rothmund war bekanntlich der Erfinder des Judenstempels.»

Dr. Max Keller, ehemaliger diplomatischer Mitarbeiter der Schweizerischen Delegation in Berlin in den Nachkriegsjahren, gelangte in seiner Untersuchung jedoch zum Schluss, dass es sich beim Judenstempel um keine schweizerische, sondern um eine deutsche Initiative handelte. DER SCHWEIZERISCHE BEOBACHTER sei Opfer einer Verwechslung geworden. Dafür entschuldigte sich der Beobachter in seiner Nummer 18/1998, also erst 44 Jahre später. Aber auch hier gilt: «Le mal est fait!» Es wird nicht mehr möglich sein, die von den Medien weltweit verbreitete Verunglimpfung der Schweiz restlos zu berichtigen, dies umso weniger, als für die Bergier-Kommission und insbesondere ihren Spezialisten in der Materie, Prof. G. Kreis, die Forschungsergebnisse von Keller ein «Versuch von nationalsozialistischen Revisionisten» sind, «eine historische Altlast auf eine billige Weise zu entsorgen». Keller wird als «Hobbyhistoriker» und «neunmalkluger Revisionist» perfid in die Nähe der Frontisten gerückt. Wes Geistes Kind Kreis ist, zeigt auch seine Behauptung, der Judenstempel sei das Ergebnis einer «Partnerschaft aus gegebener territorialer, bis zu einem gewissen Grade auch geistiger Nachbarschaft»(!) gewesen. Offensichtlich enttäuscht darüber, dass die seinerzeitigen Vorwürfe nicht stimmen, können es die UEK-Autoren nicht lassen, der Schweiz doch noch einen Tritt ans Bein zu geben: Bern ist zwar nicht der Erfinder des J-Stempels, aber «die Initiative und die Dynamik»(!) dazu seien «von der Schweiz ausgegangen». *(Flüchtlingsbericht S. 85)*

Nachdem weder der Ludwig- noch die Bergier-Berichte die nötige Klarheit geschaffen haben, bedarf das Problem des Judenstempels unter Berücksichtigung neuerer Erkenntnisse weiterer wissenschaftlicher Forschung.

Der Fall bestätigt aber auch die Einsicht, wie sehr eine kritische Prüfung des Bergier-Berichts seitens der Auftraggeber der Kommission – Bundesrat und Parlament – nötig ist; ebenso nötig wie spätere Überprüfungen durch Fachwissenschafter.

Die Behandlung des Falles Judenstempel zeigt einmal mehr, dass es der Bergier-Kommission darum geht, die Schuldzuweisung in den Vordergrund zu stellen und all das zu vernachlässigen, was zum besseren Verständnis des schweizerischen Verhaltens zwischen Widerstand und Anpassung beitragen könnte. Die Schweiz soll nazi-freundlich und antisemitisch dargestellt werden. Druck und Zwänge, die der Schweiz durch Nazi-Deutschland auferlegt wurden, werden ausgeblendet.

Bericht über die Zigeuner: Schuldzuweisung bevorzugt!

Die Publikation des Berichts über die Roma und Sinti, der im Auftrag des Bundesrates nicht vorgesehen war, wurde ebenfalls vorgezogen (vor den Wirtschafts-, Kultur- und anderen Berichten), offensichtlich, weil auch dieses Thema ein Maximum an Schuldzuweisungen erlaubt. Wie schon der Flüchtlingsbericht wurde auch der Zigeuner-Bericht aus der Opfer-Perspektive verfasst und Vergleiche mit dem Ausland wurden vernachlässigt.

Während in den bisherigen Berichten Zeitzeugen oft vernachlässigt wurden, misst die UEK in diesem Bericht den Gesprächen mit Verfolgten und deren Nachkommen plötzlich grosses Gewicht bei (weil sie die Meinung der UEK bestätigen).

Späte Selbsterkenntnisse der UEK

Kurz vor Redaktionsschluss dieses Buches erscheint in der NZZ vom 8./9. September 2001 ein Beitrag «Von der Zeitgeschichte überrascht – Erlebnisse eines Mediävisten», in dem sich der Präsident der UEK, Prof. Jean-François Bergier, auf geradezu sensationelle Weise mit Unzulänglichkeiten und Schwächen der UEK kritisch auseinandersetzt. *(Anhang Nr. 9)*

Bergier stellt eingangs fest, dass er, als der Bundesrat ihn quasi nötigte, die Präsidentschaft der UEK zu übernehmen, sich «an die Spitze dieses gewichtigen Unternehmens und in eine politische Sphäre versetzt» sah, die er sehr wenig kannte. «Eine Verantwortung war mir zugefallen, auf die ich kaum vorbereitet war, und mit welchen Erwartungen, in- und ausländischen, also verschiedenartigen, ich zu rechnen hatte, konnte ich erst im Laufe der Arbeit allmählich feststellen.» Als Parlament und Bundesrat 1996 die UEK einsetzten, geschah dies «mit einem Eifer, der von Panik diktiert und von Naivität nicht frei» war. So wollte man die Krise meistern: Rückhaltlose historische Transparenz, durch eine Anstrengung ohne Beispiel herbeigeführt, sollte alle Bedrohungen bannen. Es wäre zweifellos natürlicher und vom rein wissenschaftlichen Standpunkt ergiebiger gewesen, sich an die normalen Kanäle der Forschung zu halten und diese Aufgabe als Projekt des Schweizerischen Nationalfonds anzugehen, an dem sich die interessierten und kompetenten Historiker hätten beteiligen können. Als Phänomen bezeichnet es Bergier, dass im Gegensatz zu ihm als Mediävist die Zeitgeschichtler und besonders die jüngeren – sie bilden bekanntlich die Mehrheit in der UEK – «darauf aus sind, die Tabus zu beseitigen und überlieferte Denkmuster zu berichtigen». Auffallend ist «bei vielen Zeithistorikern ihr geringes Interesse und selbst eine gewisse Verachtung für die Geschichte der Rechtsnormen, die doch gerade in den Jahrzehnten nach dem Zweiten Weltkrieg eine weitgehende Entwicklung durchgemacht haben. Diese Forscher neigen unbewusst zu der Vorstellung, dass sich Normen, die uns heute vertraut sind – Asylrecht, Recht auf soziale Sicherheit usw. – auf die Verhältnisse der dreissiger und vierziger Jahre anwenden lassen, was oft zu Fehleinschätzungen und anachronistischen Urteilen führt.» Für Bergier als Mediävist ist Distanz halten die Regel – «Teilnehmen ist der Imperativ des Zeithistorikers – auch wenn er Gefahr läuft, zum ‹Revisionisten› zu werden.»

Ebenso erstaunlich wie diese als Bekenntnis anzusprechende Stellungnahme von Präsident Bergier ist eine Äusserung des Kommissionsmitglieds Prof. Georg Kreis, die er im Zusammenhang mit der Debatte um den Völkermord an den Armeniern getan hat *(NZZ, 17. September 2001)*: «Historische Wahrheit kann ... nicht mit Abstimmungen politischer Gremien, sie kann auch nicht von historischen Kommissionen festgeschrieben werden. Vielmehr soll sie Ergebnis wissenschaftlicher Debatten sein, wobei ‹Ergebnisse› stets in doppelter Weise offen zu bleiben haben: offen für künftige Revisionen aufgrund besserer Einsichten und offen für andere Meinungen.»

Es bleibt zu hoffen, dass diese Erklärungen – nach dem Motto «vor Tische las man's anders» – im Schlussbericht der UEK ihren Niederschlag finden werden! Wieviel Ärger, Misstrauen und bittere Kritik, vor allem aber wieviel Schaden, der unserem Land entstanden ist, hätten vermieden werden können, wenn diese Überlegungen schon zu Beginn der Arbeit der UEK berücksichtigt worden wären.

7. Die Rolle der Medien: kein Ruhmesblatt!

Von unseren Medien dürfte man eigentlich erwarten, dass sie auf die grossen Probleme von öffentlichem Interesse nicht nur prompt, sondern aufgrund der zugänglichen Informationen auch objektiv sachbezogen eingehen. Insbesondere eine demokratische Gesellschaft ist unverzichtbar darauf angewiesen, sich dank dieser Dienstleistungen der Medien ein klares Urteil bilden zu können. Was die Öffentlichkeit jedoch unter keinen Umständen will, ist die Manipulation der Meinung in einer bestimmten Richtung. Genau diese «Sünde» der Meinungsmanipulation ist indessen bei der Darstellung der Haltung der Schweiz im Zweiten Weltkrieg von einer allzu grossen Zahl schweizerischer Medienvertreter begangen worden.

Orchestrierte Medien-Kampagne des Jüdischen Weltkongresses

Der Jüdische Weltkongress führte in den Medien weltweit eine raffiniert orchestrierte Kampagne gegen die Schweiz. Sie war das eigentliche Herzstück der psychologischen Kriegführung und konnte mit der tatkräftigen Unterstützung der amerikanischen Medien und Agenturen – vor allem der jüdisch-kontrollierten – rechnen (es sei in diesem Zusammenhang an die Erklärung des Präsidenten des WJC erinnert, man wolle den «totalen Krieg gegen die Schweiz führen»!). In das Angriffskonzept eingeschlossen waren auch Filme und Videos, die in wirkungsvollen Verteilerkanälen eingesetzt wurden. Auch die BBC und das Schweizer Fernsehen liessen sich in die Aktion einspannen (das Schweizer Fernsehen ist inzwischen für seinen perfiden Film «Die verlorene Ehre der Schweiz» von der Unabhängigen Beschwerdeinstanz gerügt worden, ein Entscheid, der vom Bundesgericht bestätigt wurde). In bezug auf einen weiteren Film, den von der BBC produzierten und vom Schweizer Fernsehen unterstützten verleumderischen Streifen «Nazigold und Judengeld» musste sogar die Bergier-Kommission die Behauptung, es seien

Transporte von Juden durch die Schweiz von Italien in die Vernichtungslager nach Deutschland gelangt, als unzutreffend erklären. *(Gilles Forster, 2001, S. 19ff.)*

Fast alle Bemühungen der Schweiz (auch der offiziellen), sich in den US-Medien Gehör zu verschaffen, wurden verunmöglicht (zur gleichen Zeit, als amerikanische Verleger und Chefredaktoren an ihrem Weltkongress in Zürich der Welt die Vorzüge des freien Informationsaustauschs ans Herz legten!). *(Unbeantwortet gebliebene Briefe des AGG, Anhang Nr. 18 und Nr. 19)*

Schweizer Medien fassen jüdische und amerikanische Kreise mit Samthandschuhen an

Die schweizerische Gegenwehr kam von den Medien wie auch der offiziellen Schweiz meistens zu spät und war in der Regel wenig effizient. Berichtigungen, Gegendarstellung und sachliche Kritik aus Kreisen empörter Schweizer wurden von vielen Redaktionen und Produzenten inhaltlich gekürzt, abgeändert oder wanderten direkt in den Papierkorb.

Entsprechend erging es parlamentarischen Vorstössen, die von einem Teil der Medien, weil sie ihnen nicht in den Kram passten, totgeschwiegen wurden. Den Lesern wurden auf diese Weise die zur Urteilsbildung nötigen Informationen vorenthalten.

Die gleichen Erfahrungen mussten auch die Kritiker der Bergier-Kommission machen. So wurde beispielsweise das Buch von Nationalrat Luzi Stamm «Der Kniefall der Schweiz» kaum je besprochen, und wo es doch geschah, herablassend und negativ. Kritiker, die sich in rechtsbürgerlichen Organen zu Wort meldeten, wurden allzu schnell in den rechtsextremen oder antisemitischen Topf geworfen.

Das Bild, das die Medien bei ihrer Berichterstattung boten, zeigte jedenfalls, wie kaum ein anderes Beispiel der Neuzeit

Seit dem Sommer 1997 werden Fernsehfilme zum Verhalten der Schweiz während des Zweiten Weltkriegs produziert und im In- und Ausland ausgestrahlt. In bezug auf «L'Honneur perdue de la Suisse / Die verlorene Ehre der Schweiz» konnte eine Westschweizer Gruppe eine Beanstandung der «Unabhängigen Beschwerdeinstanz» erreichen, die durch einen Bundesgerichtsentscheid gegen einen Rekurs der Schweizer Fernseh- und Radiogesellschaft geschützt wurde. Ebenso katastrophal ist das Co-Produkt der britischen BBC und des Schweizer Fernsehens «Nazigold und Judengeld», aber man hat nie etwas davon gehört, dass die Bundesbehörden die für die schweizerische Beteiligung Verantwortlichen gerügt hätten.

eine eklatante Diskrepanz zwischen öffentlicher und veröffentlichter Meinung. Redaktioneller Teil und die «Stimme des Volkes», etwa in zahlreichen Leserbriefen, klafften drastisch auseinander. Die Tendenz – insbesondere in der Wirtschaft und Banken nahestehenden Presse –, jüdische und amerikanische Kreise aus durchsichtigen Gründen zu schonen und auf jede Provokation zu verzichten, war offenkundig. Man kuschte. Ein verständliches, berufsethisch jedoch unqualifizierbares Verhalten!

Anerkennung und Dank verdienen indessen diejenigen, vor allem mittlere und kleine Zeitungen, die immer wieder Verständnis für die Anliegen der Kriegsgeneration gezeigt und unsere Bestrebungen unterstützt haben.

Handlangerdienste und Munition für den Gegner

Was hingegen, weil «saftig», speziell in den Massenblättern in epischer Breite und oft genüsslich übernommen wurde, waren die Angriffe, Verleumdungen und Lügen der Gegenseite. Mit dieser Berichterstattung, meistens mit dem Unterton von Selbstanklage und Selbstzerfleischung kommentiert, leistete ein allzu grosser Teil der Medien den ausländischen Schweiz-Kritikern Handlangerdienste und lieferte die Munition für neue Angriffe und Provokationen. Auch schweizerische Auslandkorrespondenten in den USA liessen sich sehr leicht dafür einspannen.

Die Konsequenzen dieses Verhaltens sind klar: Die Medien machten den Konflikt noch dramatischer und krisenträchtiger, als er schon war. Dass dabei allzu viele Journalisten, im Einklang mit einem gewissen masochistischen Zeitgeist, sich als eigentliche Nestbeschmutzer betätigten, ist eine peinlich berührende Erfahrung.

Umso enttäuschender ist die schmerzliche Tatsache, dass es die politischen Instanzen in Bern vorzogen, sich bedeckt zu halten, und darauf verzichteten, klar Stellung zu beziehen und den Gegner mit dem gebotenen Nachdruck und Mut in die Schranken zu weisen (während in den USA Jüdischer Weltkongress, Clinton-Administration und Medien zielgerichtet zusammenarbeiteten).

Korrektur anlässlich der Schlussbilanz?

Es bleibt zu hoffen, dass die Medien sich ihrer (auch staatspolitischen) Aufgabe bewusst werden und die nötigen Korrekturen nachträglich anbringen, wenn nach Abschluss der Arbeiten der Bergier-Kommission die Schlussbilanz gezogen wird. «Die Wahrheit siegt immer», sagt ein Sprichwort. Leider nicht immer sofort!

8. Reaktionen im In- und Ausland

**Wie haben Zeitzeugen, Mitglieder des Arbeitskreises
Gelebte Geschichte, im In- und Ausland
die Auseinandersetzungen erlebt?**

Die gegen die Schweiz erhobenen Anklagen und die Art und
Weise, wie die Schweiz darauf reagiert hat, wurden weltweit zur
Kenntnis genommen und haben unserem Land Schaden zuge-
fügt. Diese Feststellung muss jedoch sofort relativiert werden:

– Die Schweiz geniesst im Ausland in der Regel nicht das
Interesse und die Aufmerksamkeit, die wir uns wünschen,
oder, in diesem Falle, befürchten. Das Hauptinteresse für
unsere Auseinandersetzung mit dem WJC und den USA
beschränkte sich in erster Linie auf unsere europäischen
Nachbarn und die Ost- und Westküste der USA, wo das
Interesse vor allem durch die starken jüdischen Gemeinden und die Medien gefördert wurde, die sich weitgehend in
jüdischer Hand befinden. Hier wurde die «Begleitmusik»
komponiert und orchestriert und den Angriffen des Jüdischen Weltkongresses und der amerikanischen Regierung
Schützenhilfe geleistet. Schäden für das Image der Schweiz
sind weniger in der breiten Masse als vielmehr in intellektuellen, jüdischen und Medien-Kreisen festzustellen.

– Auch die traditionellen Neider der Schweiz waren sofort auf
dem Plan und meldeten sich zu Wort. Wie immer, wenn
man im Pelz des Musterknaben Schweiz eine Laus findet,
reiben sie sich die Hände und freuen sich diebisch darüber,
dass die «Spezialisten des Sonderfalls» und die «Rosinen-
picker» in Schwierigkeiten stecken. Entsprechend hämisch
fielen ihre Kommentare aus. Andere wiederum waren froh,
dank der Angriffe auf die Schweiz aus der Schusslinie
genommen zu werden und in Deckung gehen zu können.

– Aber auch alle diejenigen ausländischen Konkurrenten,
denen der stabile, erfolgreiche Finanzplatz Schweiz ein

Dorn im Auge ist und die schon seit Jahrzehnten keine Gelegenheiten vorübergehen lassen, dem ungeliebten Finanzplatz zu schaden und ihn zu schwächen, stimmten in den Chor der Kritiker ein.

– Da und dort sind Angreifer, Neider, Kritiker und Konkurrenten des Finanzplatzes Schweiz identisch und starten offen oder getarnt ihre Kampagnen gegen die Schweiz. Hintergedanken, die auf die Zerstörung des schweizerischen Bankgeheimnisses abzielen, sind da und dort unverkennbar.

– In vielen Reaktionen des Auslands spiegelt sich die Haltung linker Kreise und heimatloser Intellektueller in der Schweiz, die jede passende Gelegenheit benützen, ein Bild einer geldgierigen, herzlosen, antisemitischen Schweiz zu zelebrieren und unser Land nach Strich und Faden in den Dreck zu ziehen. Sie liefern, zusammen mit den fragwürdigen Berichten der UEK, dem Ausland die Munition, mit der auf uns geschossen wird.

– Nicht ohne Einfluss auf die Meinungsbildung im Ausland bleiben auch schweizerische Zeitungen mit Weltruf, die sich, im wirtschaftlichen Interesse – back to business as usual – gegen Angriffe nicht so zur Wehr setzen, wie es die intellektuelle Ehrlichkeit und das wohlverstandene Interesse unseres Landes eigentlich erwarten liessen. So wurde etwa einer offenen Auseinandersetzung mit den Ergebnissen des Volcker-Berichts mehrheitlich diskret aus dem Wege gegangen. Einmal mehr wurden jüdische Kreise und die USA geschont.

– Aber auch die Oberflächlichkeit, mit der die vielgelesene Boulevardpresse im In- und Ausland das Thema behandelte, indem sie nur die «saftigsten Stücke» marktschreierisch herausriss, hat zur Schädigung des Images der Schweiz beigetragen.

– Schliesslich hat die Demutshaltung von Vertretern der offiziellen Schweiz – etwa in den USA –, sich bei jeder sich bietenden Gelegenheit zu entschuldigen, die Meinung des Auslands ungünstig beeinflusst.

– Verständnis, Mitgefühl und Sympathie durften wir, wie schon bisher in Konflikten üblich, von der grossen Zahl von ausländischen Freunden und guten Kennern der Schweiz zur Kenntnis nehmen. Unter ihnen zeichnen sich besonders die ehemalige Botschafterin der USA in Bern, Mrs. Faith Whittlesey, und die Autoren bemerkenswerter Bücher über die Schweiz zur Zeit des Zweiten Weltkrieges aus, darunter die Amerikaner Angelo M. Codevilla, Stephen P. Halbrook und Leo Schelbert.

Reaktionen in der Romandie und im Tessin

In der Welschschweiz war die Reaktion auf die Angriffe aus den USA heftiger als in der Deutschschweiz. Zahllose Leserbriefe von Bürgern, die sich durch die Lügen, Verleumdungen und Übertreibungen gedemütigt fühlten, sprechen eine unmissverständliche Sprache.

Die Reaktionen auf den Goldbericht der Bergier-Kommission und den Volcker-Bericht waren angesichts des technischen Charakters der Materie weniger zahlreich, setzten sich jedoch mit den Schwachstellen vehement auseinander. Insbesondere Wirtschaftsexperten und Bankiers meldeten sich mit sorgfältigen Analysen zu Wort. Analysen dieser Art fehlten in der Deutschschweiz weitgehend. Die welsche Presse, so etwa «Le Temps», hat es auch besser verstanden, durch grundsätzliche Artikel von Spezialisten eine animierte Diskussion auszulösen. Dabei fiel auf, dass in der Romandie mehr prominente Historiker, auch der alten Garde, den Mut hatten, zu delikatesten Fragen der Vergangenheitsaufarbeitung Stellung zu nehmen, während sich in der Deutschschweiz eine Reihe prominenter älterer Historiker in vornehmer Zurückhaltung übten. «Nestbeschmutzer» meldeten sich im Welschland, ausser Jean Ziegler, kaum zu Wort. Ziegler musste sich in seinem 1997 in mehreren Sprachen erschienenen Machwerk «Die Schweiz, das Gold und die Toten» den Nachweis von Dutzenden von Fehlern und Unwahrheiten vorwerfen lassen. *(NZZ, 13. Oktober 1999)*

Die Diskussionen in der Romandie hatten ganz allgemein mehr «Tiefgang» und leuchteten auch die philosophischen Aspekte der Probleme aus. Auch liessen sie erkennen, wie sehr sich der Romand mit seinem Staat identifiziert und wie sehr, insbesondere in der Waadt, der Patriotismus die Gefühlslage mitbestimmt (während in der Deutschschweiz der Patriotismus von allzu vielen Politikern und den Medien von der Liste der Political Correctness gestrichen wurde).

Im Mittelpunkt der Diskussion im Tessin stand die Flüchtlingspolitik, die an die Zeit der Kriegsjahre erinnerte, als das Tessin zwischen 1943 und 1945 über 26'000 Militärinternierte und über 12'000 Zivilinternierte aufnahm.

In den kritischen Kommentaren der Tessiner Presse zum Konflikt mit den USA und dem WJC war eine gewisse Zurückhaltung festzustellen, die durch die Tatsache bedingt sein dürfte, dass mit Bundesrat Cotti ein Tessiner im Mittelpunkt der politischen Auseinandersetzung stand.

Und noch etwas zeigt die Diskussion: Bei allen Gegensätzlichkeiten sind sich Deutsch-, Welschschweiz und Tessin einig, wenn es um das Grundsätzliche, die Fundamente des Staates und seine Institutionen geht. Diese Übereinstimmung spiegelt sich auch im Verständnis der überwiegenden Mehrheit der Bevölkerung für die Beschlüsse der schweizerischen Behörden, die im Zweiten Weltkrieg darauf abzielten, das Land aus dem Krieg herauszuhalten.

Lob und Preis für die Bergier-Kommission aus den USA und aus Israel

Die Berichte der UEK wurden von den interessierten jüdischen, amerikanischen und israelischen Kreisen mit Lob und Anerkennung bedacht. Verständlicherweise! Lieferte die UEK doch den ausländischen Gegnern der Schweiz die erwarteten Schuldzuweisungen, die ihnen erlaubten, den Druck auf die Schweiz zu rechtfertigen, zu verstärken und fortzusetzen.

Bald stellte man in den USA und in Israel auch fest, dass die UEK und ihr Präsident das Scheinwerferlicht des öffentlichen Interesses in vollen Zügen genossen und sich durch Ehrungen und Medienpräsenz geschmeichelt fühlten.

Was lag näher, als diese «Schwäche» der zu internationalen Ehrungen gekommenen Eidgenossen geschickt auszunützen. Abgesehen von glanzvollen Empfängen und Dinner-Parties mit viel Prominenz, Einladungen zu Vorträgen und Medien-Konferenzen, wurde Prof. Bergier – und dies mitten in seiner Kommissionsarbeit! – von der Hebräischen Universität Jerusalem mit dem Mount-Scopus-Preis ausgezeichnet. Der Entscheid der Israeli, Bergier auszuzeichnen, ist berechnend und ebenso unannehmbar wie die Tatsache, dass Bergier die Ehrung angenommen hat.

Aber auch unsere Politiker sollten nicht zu kurz kommen: Bundesrätin Dreifuss erhielt gleich zwei Ehrendoktortitel, von den Universitäten Jerusalem und Haifa. Bundesrat Cotti wurde für seine Sühnebereitschaft mit dem Preis der jüdischen Fischhof-Stiftung (Fr. 50'000) und Botschafter Defago in Washington mit dem Julius-Adam-Stratton-Preis für seine Verdienste um die schweizerisch-amerikanischen Beziehungen geehrt.

Anerkennung erhielt Bundesrat Cotti auch von Banken-Seite. 1999 wurde er von der Crédit Suisse Group zum Präsidenten des International Advisory Board ernannt.

9. Ist mit dem Schlussbericht alles gelaufen?

Kein Interesse für Vergangenheitsbewältigung

Die vergangenen vier Jahre haben deutlich gezeigt, dass das Schweizervolk angesichts aktuellerer und brennenderer Fragen wenig Interesse für die Vergangenheitsbewältigung bekundet. Für die jüngeren Generationen stehen Gegenwart und Zukunft im Brennpunkt des Interesses.

Auch Bundesrat und Parlament verspürten bisher offenbar wenig Lust, sich kritisch mit der Arbeit einer Historiker-Kommission auseinanderzusetzen, die sie selbst beauftragt haben und für die sie verantwortlich sind.

Für die Wirtschaft, insbesondere die Banken, ist die Sache gelaufen. «Der Mist ist gefahren – bitte Ruhe im Stall!» Warum will man also mit erneuten Diskussionen schlafende Hunde wecken und diejenigen jüdischen und amerikanischen Kreise provozieren, die jederzeit in der Lage wären, schweizerischen Geschäftsinteressen Schaden zuzufügen?

Die Medien ihrerseits geben sich Rechenschaft, dass der Aktualitätswert gesunken ist und nicht mehr viel hergibt. Zudem haben sie den gesamten Fragenkomplex in den vergangenen Jahren in bekannter Manier genüsslich «ausgeweidet». Bei dieser Sachlage ist das Risiko gross, dass der umfangreiche Schlussbericht der UEK so schnell und lautlos wie möglich und ohne Nachhaltigkeit über die Bühne gebracht wird.

Was von Bundesrat und Parlament erwartet wird

Diesem Wunsch nach diskreter Erledigung steht indessen das vitale Interesse unseres Landes gegenüber, mit allen Mitteln zu vermeiden, dass historische Zerrbilder in die Geschichte eingehen, die dem Ansehen der Schweiz dauernden Schaden zufügen könnten.

Es muss deshalb von Bundesrat und Parlament erwartet werden, dass sie den Schlussbericht aus politischer Sicht einer eingehenden kritischen Würdigung unterziehen und auf Fehler und Mängel eingehen. Die UEK steht unter Auftragsrecht, und unsere Behörden haben die Pflicht zu prüfen, ob und inwieweit die Kommission den ihr erteilten Auftrag erfüllt hat, und ob der Bundesrat es auf sich nehmen will, der Bergier-Kommission Decharge zu erteilen!

Wie oft haben Bundesrat und Parlament erklärt, wie wichtig eine umfassende und ehrliche Auseinandersetzung mit der Vergangenheit für die Zukunft unseres Landes ist. Eine klare Stellungnahme von Regierung und eidg. Räten wäre ein wesentlicher Beitrag zu dieser Auseinandersetzung, gäbe sie der Diskussion doch neue wertvolle Impulse.

Ein zweites Begehren betrifft die Akten, die von der UEK benützt wurden. Sie sollten, ebenso wie die Protokolle, im Hinblick auf spätere historische Forschungen verfügbar bleiben. Zukünftige Untersuchungen hätten auch zu klären, wie die Auswahl dieser Akten erfolgt ist. Würden diese Akten verschwinden oder vernichtet und bestände keine Möglichkeit mehr, sie zu einem späteren Zeitpunkt zu überprüfen, ginge der Bundesrat das Risiko ein, dass die mangelhaften Berichte der UEK den Charakter offizieller Geschichtsschreibung bekämen, womit die Diskussion um die Haltung der Schweiz im Zweiten Weltkrieg erneut angeheizt würde, und wir uns in der gleichen Situation wie vor der Schaffung der UEK befinden könnten. *(Petition der Interessengemeinschaft Schweiz – Zweiter Weltkrieg IG, Anhang Nr. 11)*

Es bleibt zu hoffen, dass sich Bundesrat und Parlament ihrer nationalen Pflicht der Geschichte gegenüber voll bewusst sind, und dass ein unrühmliches Kapitel der schweizerischen Neuzeit ehrenvoller abgeschlossen wird, als es begonnen und geschrieben wurde.

Das vorliegende Buch befasst sich mit der Auseinandersetzung um die nachrichtenlosen Vermögen sowie den Gold-

124

und Flüchtlings-Zwischenberichten der UEK von 1998 und 1999 und dem Ergebnis der Untersuchungen der Volcker-Kommission. Nur am Rande oder überhaupt nicht berücksichtigt sind weitere 25 Berichte, die im Publikationsprogramm der UEK figurieren (siehe Literaturverzeichnis).

In diesem Zusammenhang ist zu erwähnen, dass die UEK am 30. August 2001 acht weitere Berichte mit folgenden Titeln: «Fluchtgut – Raubgut», «Interhandel», «Clearing», «Transit ferroviaire à travers la Suisse 1939–1945», «Electricité suisse et Troisième Reich», «Geschäfte und Zwangsarbeit», «Schweizer Chemieunternehmen im ‹Dritten Reich›», «Die Flüchtlings- und Aussenwirtschaftspolitik der Schweiz im Kontext der öffentlichen politischen Kommunikation 1938–1950» veröffentlichte. Auf diese Publikationen kann hier nicht mehr im einzelnen eingetreten werden. Generell sei aber festgehalten, dass sie im allgemeinen vorsichtiger und unparteiischer formuliert sind als die früher erschienenen Zwischenberichte der UEK. Das mag wohl mit der harschen Kritik an Gold- und Flüchtlingsbericht zusammenhängen, oder auch darauf zurückzuführen sein, dass die neuen Beiträge fast ausnahmslos nicht von Mitgliedern der UEK, sondern von sog. «Forscherteams», die für die «unabhängigen Experten» arbeiten, verfasst sind. Es ist aber auch hier zu beanstanden, dass nach wie vor die Tendenz zu spüren ist, negative Aspekte hochzuspielen und bedauerliche und unglückliche Einzelschicksale und Ereignisse zu verallgemeinern. Quervergleiche mit der Handlungsweise anderer Staaten, wie dies im Auftrag des Bundesrates verlangt wurde, sucht man vergeblich. Dazu kommen kleinere Widersprüche und Ungenauigkeiten, so z.B. wenn in einem Literaturverzeichnis der Verfasser von «Mein Kampf» nicht Adolf, sondern Alfred Hitler heisst! Es ist übrigens festzustellen, dass Mitglieder der UEK bereits die Tendenz erkennen lassen, die zuvor erschienenen inakzeptablen Gold- und Flüchtlings-Zwischenberichte durch Betonung der Qualität der acht neuen Beiträge in Vergessenheit geraten zu lassen. Bundesrat und Parlament dürfen nicht zulassen, dass die UEK auf diese Weise in Deckung geht, denn ohne Korrektur bleibt die Tatsache der Verunglimpfung der Schweiz bestehen.

Noch vor der auf Ende März 2002 angekündigten Veröffentlichung des Schlussberichtes sollen weitere 17 Berichte erscheinen (siehe Literaturverzeichnis). Interessanterweise ist vorgesehen, in ihrem Rahmen vier Beiträge aus den von der UEK für Schuldzuweisungen als besonders geeignet betrachteten und deshalb vorgezogenen Themenbereichen Goldtransaktionen und Flüchtlingswesen nochmals in überarbeiteter und ergänzter, bzw. durchgesehener Form vorzulegen. Man darf gespannt sein, ob es dabei zu den dringend notwendigen Berichtigungen kommt. Die veröffentlichten und angekündigten UEK-Publikationen – ohne den vermutlich umfangreichen Schlussbericht – umfassen mehr als 11'000 Druckseiten. Hier drängt sich die Frage auf, wer diesen mit 22 Millionen Franken Steuergeldern finanzierten «Ausstoss» überhaupt lesen soll und wird.

10. Und was kostet das alles?

Die Gesamtkosten, die der Schweiz (Bundesbehörden, Banken, Versicherungen etc.) zufolge der Auseinandersetzung mit den jüdisch-amerikanischen Forderungen entstanden sind, dürften rund vier Milliarden Franken – oder pro Kopf der Bevölkerung 550 Franken – betragen, nämlich

1. Zahlungen der beiden Grossbanken
   an den WJC ....Fr. 2'125'000'000
2. Nachforschungen der Banken und
   der ICEP ....1'200'000'000
3. Zahlungen der Versicherungsgesellschaften....100'000'000
4. Schweiz. Holocaustfonds.........................270'000'000
5. UEK..22'000'000
6. Kosten Task-Force und Nachfolge-
   organisation..................................30'000'000
7. Allgemeine Kosten
   (PR, CH-Lobby, Reisen, Administration)..........50'000'000
8. Schiedsgericht zur Abklärung
   von Ansprüchen gegenüber Banken. ....32'000'000

Total.......................................**3'829'000'000**

Die Positionen 1, 3, 6 und 7 beruhen auf Gesprächen mit verschiedenen Amtsstellen und beteiligten Privatpersonen. Die Schätzungen dürften eher zu niedrig als zu hoch sein. Die Dollarbeträge wurden zum Wechselkurs von 1$ = 1.70 Fr. berechnet.

Der unter dem Einfluss der Auseinandersetzung geschaffenen Organisation «Präsenz Schweiz», deren Haupteinsatzgebiet die USA sind, werden jährlich rund 12 Millionen Franken zur Verfügung gestellt.

Den horrenden Kosten von gegen vier Milliarden Franken steht auf nachrichtenlosen jüdischen Konten in der Schweiz ein verschwindend kleiner Betrag gegenüber. Trotz milliardenteuren Nachforschungen unserer Banken, der Volcker-Kommission und zahlreicher amerikanischer Revisionsgesellschaften konnten weit weniger als 100 Millionen Franken auf nachrichtenlosen Konten gefunden werden, die aber zu mehr als zwei Dritteln nichtjüdischen Kunden gehören.

Noch viel krasser ist das Missverhältnis zwischen den ursprünglichen Forderungen aus den USA und den gefundenen Geldern auf jüdischen Konten: Amerikanische Organisationen und Anwälte der Sammelkläger verlangten Entschädigungen zwischen 7 und 20 Milliarden Dollar, was bei einem Umrechnungskurs von Fr. 1.70 zwischen 12 und 34 Milliarden Franken entspricht. Gefunden wurden also zwischen 400 und 1100mal weniger grosse Summen, als die Kläger ursprünglich behaupteten.

Alle diese Konten auf Schweizer Banken sind trotz jahre- und jahrzehntelanger Nachrichtenlosigkeit auch heute noch vorhanden, während nachrichtenlose Konten, wie schon erwähnt, in den USA in der Regel nach fünf Jahren saldiert und vom Staat eingezogen werden!

11. Schlusswort

Wie eingangs erwähnt, sind die Informationsquellen des vorliegenden Taschenbuchs nicht nur Bücher und Archive, sondern vor allem Erinnerungen, Erlebnisse, Impressionen, Briefe und Tagebücher aus der Zeit des Zweiten Weltkriegs, vor allem aber auch Meinungen, wie sie in Gesprächen im Freundeskreis im In- und Ausland oder in Leserbriefen anklingen.

Die Aussagen stimmen weitgehend überein: Es darf nicht sein, dass sowohl bei den jüngeren Generationen in der Schweiz als auch weltweit aufgrund der einseitigen Bergier-Berichte und der selbstzerstörerischen Tendenzen der Massenmedien der Eindruck einer geldgierigen und selbstsüchtigen Schweiz zur Zeit des Zweiten Weltkriegs zementiert wird. Auch darf nicht sein, dass das Schweizervolk einfach zur Tagesordnung übergeht und damit Zerrbilder zu geschichtlichen Fakten werden.

Wir wenden uns deshalb an unsere Mitbürgerinnen und Mitbürger, die dank eigener Erfahrung oder Schilderungen von Zeitzeugen aus ihrem Umfeld mit den wahren Verhältnissen vertraut sind: Lasst nicht zu, dass die Schweiz, im Gegensatz zu beweisbaren Tatsachen, verleumdet und dem Ruf unseres Landes international noch mehr Schaden zugefügt wird.

Die Kriegsgeneration braucht sich jedenfalls nicht dafür zu schämen, dass es ihr unter grossen Opfern gelungen ist, dem Land den Krieg zu ersparen! Übrigens: Wie viele Schweizer Historiker und Journalisten, welche die Schweiz heute verunglimpfen, wären nicht geboren worden, wenn die Geschichte eine Wende zum Schlimmeren genommen hätte.

Wir erwarten, dass der demnächst erscheinende Schlussbericht der Bergier-Kommission die unhaltbaren Darstellungen in den beiden Zwischenberichten (Gold und Flüchtlinge) korrigiert. Doch selbst wenn die nötigen Korrekturen erfolgen, vermag dies die Tatsache nicht zu ändern, dass das Unglück bereits geschehen ist. Die Zwischenberichte haben weltweit falsche Bilder und Halbwahrheiten über eine angeblich herzlose, antisemitische und nazifreundliche Schweiz in die Köpfe von Millionen von Menschen projiziert. Daran vermag der Schlussbericht nichts mehr zu ändern.

Le mal est fait!

Es bleibt aber auch zu hoffen, dass verantwortungsbewusste Wissenschafter in absehbarer Zeit eine erneute kritische Beurteilung des ganzen Fragenkomplexes vornehmen. Nur so kann verhindert werden, dass in späteren Zeiten in Bibliotheken, Universitäten und Schulen ein Geschichtsbild der Schweiz vermittelt wird, das nicht den Tatsachen entspricht.

Taschenbuch-Manuskript
abgeschlossen im November 2001

12. Chronologie der Ereignisse*

1933 bis 1939

Adolf Hitler und seine Nationalsozialistische Deutsche Arbeiterpartei (NSDAP) übernehmen **1933** die Macht. Deutschland tritt aus dem Völkerbund aus. In den folgenden Jahren zeigt sich immer deutlicher, wohin der Nationalsozialismus steuert: Totalitarismus, Aufrüstung, Antisemitismus. **1936** Besetzung des Rheinlandes in Verletzung des Versailler Vertrags ohne Reaktion Frankreichs und Grossbritanniens. **1936–1939** spanischer Bürgerkrieg, Unterstützung General Francisco Francos durch Deutschland und Italien. **1938** Anschluss Österreichs an Deutschland. Münchner Abkommen: die Westmächte geben die Tschechoslowakei preis, Deutschland besetzt zunächst das Sudetenland, in der Folge auch Böhmen und Mähren. An der Flüchtlingskonferenz von Evian unter amerikanischer Leitung ist die Schweiz praktisch das einzige Land, das Hilfsbereitschaft signalisiert.

In der Schweiz wird die nicht zuletzt infolge Opposition der Sozialdemokraten lange vernachlässigte Modernisierung der Armee und ihrer Ausrüstung von Bundesrat Rudolf Minger als Chef des EMD gefördert. Das Schweizervolk überzeichnet eine dafür benötigte Wehranleihe massiv.

1939

Die Landesausstellung in Zürich kräftigt die Einheit der Schweiz. Im Hitler-Stalin-Pakt wird die Aufteilung Polens zwischen Deutschland und der Sowjetunion vereinbart. Der deutsche Überfall auf Polen entfesselt am 1. September den Zweiten Weltkrieg. In der Schweiz wird die Allgemeine Kriegsmobilmachung ausgelöst und Henri Guisan zum Oberbefehlshaber und General gewählt. Man bietet zeitweilig bis zu 800'000 Männer und Frauen zu den Truppen auf, inbegriffen den «blauen» Luftschutz und die Ortswehren.

Im Westen betrachtet Frankreich die Befestigungen der Maginotlinie als unüberwindlich, so dass man die deutschen Angriffsvorbereitungen als «Drôle de Guerre» bagatellisiert.

Im Norden Europas zeigt der Winterkrieg der Sowjetunion gegen Finnland, dass auch ein kleines Land einer Übermacht hartnäckig Widerstand leisten kann.

---

* basierend auf Angaben im Buch «Der Kniefall der Schweiz» von Luzi Stamm (1998)

Ab 1. November werden in der Schweiz die Lebensmittel rationiert. Die frühzeitige Lagerhaltung und die «Anbauschlacht» nach dem Plan von Prof. Friedrich T. Wahlen helfen, während der Kriegsjahre die Ernährung der Bevölkerung sicherzustellen. Dennoch sind Importe von Nahrungsmitteln, Kohle und industriellen Rohmaterialien (Arbeitsplätze!) absolut lebensnotwendig und nach der endgültigen Umklammerung unseres Landes durch die Achsenmächte nur mit Zustimmung beider Kriegsparteien möglich.

1940
Deutsche Truppen überfallen das weitgehend wehrlose Dänemark und besetzen nach heftiger Gegenwehr auch Norwegen.

Der am 10. Mai begonnene Feldzug im Westen endet am 22. Juni mit der Kapitulation Frankreichs. Französische und ihnen zugeteilte polnische Truppen werden in der Schweiz interniert. Dies ist der Beginn der Aufnahme von Flüchtlingen, deren Zahl in der Folge temporär bis zu 300'000 Personen beträgt.

Im Juni kommt es über schweizerischem Gebiet zu Luftkämpfen zwischen schweizerischen Abfangjägern und der deutschen Luftwaffe: dem Abschuss von elf deutschen Kampfflugzeugen stehen drei eigene Verluste gegenüber. Diese Demonstration unseres Abwehrwillens führt zu massiven deutschen Drohungen, was den Bundesrat zu Einschränkungen unserer Luftverteidigung zwingt.

General Guisan besammelt am 25. Juli die Führung der Armee auf dem Rütli zu einem Rapport, wo der Widerstandswille in der bedrohlichen Umzingelung durch die Achsenmächte demonstrativ gefestigt und die Verlegung des Gros der Armee in ein Alpen-Reduit bekanntgegeben werden.

Der Bundesrat verbietet im Herbst die relativ unbedeutenden nationalsozialistischen und faschistischen Bewegungen ebenso wie die kommunistische Partei.

1941 bis 1945
Der Konflikt weitet sich zum Weltkrieg aus: Im Juni 1941 greift Deutschland die Sowjetunion an. Der japanische Überfall auf Pearl Harbor (Hawaii-Insel Oahu) kurz vor Jahresende löst den Krieg im Pazifik aus. Die USA werden dadurch veranlasst, sich am Konflikt mit den Achsenmächten zu beteiligen, mit denen sie bis zu diesem Zeitpunkt Handelsbeziehungen hatten.

In der Schweiz kennzeichnen Anpassung an wirtschaftliche Zwänge und Widerstand gegen politischen und psychologischen Druck aus dem «neuen Europa» Hitlers und Mussolinis die Kriegsjahre.

Die häufigen Überflüge alliierter Bomber sind ein eindrückliches Zeichen des Krieges im nahen Ausland. Um nicht als Wegweiser zu dienen, wird im ganzen Lande die nächtliche Verdunkelung angeordnet. Mehrere irrtümliche Bombardierungen wie jene von Schaffhausen und Stein am Rhein oder Basel lassen die Schrecken nachfühlen, welchen die Zivilbevölkerung in den Kriegsländern ausgesetzt ist.

Die Bestände der mobilisierten Armee wechseln mit der Beurteilung der Bedrohungslage. Das Erscheinen der französischen 1. Armee im grenznahen Jura **1944** veranlasst einen Aufmarsch unserer Truppen an der Westgrenze, um Neutralitätsverletzungen zu verhindern.

Die Erwerbsersatzordnung für mobilisierte Wehrmänner und der Arbeitsfriede verhindern während der Kriegsjahre soziale Friktionen, die noch während und nach dem Ersten Weltkrieg zu schweren inneren Spannungen geführt hatten.

Der wirtschaftliche und politische Druck der Alliierten verstärkt sich **1945**. Mit dem «Currie-Abkommen» wird der Kauf von Gold aus Deutschland stark eingeschränkt. Im Gegenzug erleichtern die Alliierten die Versorgung mit Lebensmitteln und Rohstoffen.

Die Waffenruhe in Europa am 8. Mai lässt auch die Schweizer Bevölkerung nach fünf Jahren der Einschliessung aufatmen und ermöglicht zahlreiche Hilfsaktionen aus unserem unversehrten Land für Menschen im nahen kriegsgeschädigten Ausland (Schweizer Spende). Internierte und Flüchtlinge kehren heim. Die Rationierung wird in der Schweiz stufenweise bis 1948 aufgehoben.

Bei Kriegsende wird sichtbar, dass ein Teil des Goldes, das während des Krieges von Deutschland in die Schweiz kam, aus Goldbeständen von überfallenen Ländern stammte, vor allem aus Holland und Belgien. Verhandlungen mit den Alliierten führen am 25. Mai **1946** zum Washingtoner Abkommen, in dem sich die Schweiz u.a. verpflichtet, 250 Millionen Franken in Gold für den Aufbau Europas zur Verfügung zu stellen.

In den **sechziger Jahren** führen die Schweizer Banken aufgrund eines Bundesbeschlusses vom 20. Dezember **1962** eine Suche nach «nachrichtenlosen Vermögen» durch, d.h. nach Vermögen, die seit dem Zweiten Weltkrieg nachrichtenlos auf Schweizer Banken liegen. Rund

9,47 Millionen Franken werden gefunden. Gelder, bei denen die Berechtigten nicht ermittelt werden können, werden im März **1975** zu zwei Dritteln dem Schweizerischen Israelitischen Gemeindebund (2,12 Millionen) und zu einem Drittel der Schweizerischen Zentralstelle für Flüchtlingshilfe (1,06 Millionen) überwiesen.

Mitte der **neunziger Jahre** kommen Gerüchte auf, bei der Suche ab 1962 seien nicht alle nachrichtenlosen Vermögen gefunden worden. Aufgrund parlamentarischer Vorstösse werden die nachrichtenlosen Vermögen wieder zu einem Thema.

1995 erlässt die Schweizerische Bankiervereinigung zuhanden der Schweizer Banken Richtlinien über die Behandlung von nachrichtenlosen Vermögen. Sie veranlasst eine neue Suchaktion, die Guthaben von total 38,7 Millionen Franken auf 775 Konten zutage fördert.

Der World Jewish Congress (WJC), der beansprucht, 16 Millionen Juden in über 80 Staaten zu vertreten (inkl. die Mitglieder des Schweizerischen Israelitischen Gemeindebundes), führt **1995** in Bern ein Gespräch mit der Schweizerischen Bankiervereinigung durch. Dies ist der Beginn der Auseinandersetzung um die nachrichtenlosen Konten. Die von Schweizer Seite angebotenen 38 Millionen Franken führen zu keiner Einigung.

Die Rechtskommission des Nationalrats untersucht ab Herbst **1995**, ob sich gesetzliche Vorschriften aufdrängen.

Ab **1996** finden im amerikanischen Kongress Hearings statt. Der Bankenausschuss des Senats tagt unter dem Vorsitz von Senator D'Amato, derjenige des Repräsentantenhauses unter dem Vorsitz von James Leach. Im gleichen Jahr unterzeichnet die Schweizerische Bankiervereinigung ein Memorandum of Understanding mit drei massgebenden jüdischen Organisationen. Diese Vereinbarung führt zur Gründung des unabhängigen Gremiums Volcker-Kommission (benannt nach dem ehemaligen Notenbankchef der USA, Paul A. Volcker, der den Vorsitz übernimmt). Der offizielle Name der Kommission lautet Independent Committee of Eminent Persons (ICEP). Sie überwacht mit Hilfe von internationalen Revisionsgesellschaften die von den Banken eingeleitete Suche nach nachrichtenlosen Vermögen.

Aufgrund der immer schriller werdenden Vorwürfe und Forderungen gegenüber der Schweiz setzt der Bundesrat im Oktober **1996** einen verwaltungsinternen Krisenstab, die sogenannte «Task-Force Vermögenswerte Naziopfer» unter der Leitung des zu diesem Anlass zum Botschafter beförderten Berufsdiplomaten Thomas Borer ein.

Am 13. Dezember **1996** wird von National- und Ständerat ein dringlicher Bundesbeschluss gutgeheissen. Dieser ordnet eine allgemeine historische Untersuchung zur Zeit des Zweiten Weltkrieges an, die über die Frage der nachrichtenlosen Vermögen hinausgehen soll. Bankgeheimnis und Datenschutz werden in beschränktem Rahmen ausser Kraft gesetzt. Der Parlamentsbeschluss hat eigentlich nur die Abklärungen im Auge, welche finanziellen Transaktionen seinerzeit von Deutschland in die Schweiz getätigt wurden. Der Bundesrat hat aber die Kompetenz, den Auftrag zu erweitern, was er kurz darauf tut, indem er am 19. Dezember verfügt, dass eine umfassende Untersuchung stattzufinden habe, inkl. Flüchtlingspolitik, Kunsthandel etc.

Gestützt auf diesen Beschluss bestellt der Bundesrat die «Unabhängige Expertenkommission Schweiz Zweiter Weltkrieg (UEK)», im Volksmund nach ihrem Präsidenten «Bergier-Kommission» genannt.

Inzwischen werden in den USA vor diversen Gerichten mehrere Sammelklagen gegen Schweizer Banken eingeleitet, u.a. reicht Rechtsanwalt Edward Fagan im Namen von Auschwitz-Überlebenden eine Klage über 20 Milliarden Dollar ein.

Am 31. Dezember **1996** wirbelt ein Zeitungsinterview mit Bundesrat Jean-Pascal Delamuraz viel Staub auf. Als abtretender Bundespräsident spricht Delamuraz von «Kreisen in Washington und London», denen es darum gehe, «den Finanzplatz Schweiz zu diskreditieren». Die Forderungen seien «nichts anderes als eine Lösegeld-Erpressung».

Anfang **1997** stöbert der Wachmann Christoph Meili – ob auf eigene Initiative oder von jemandem beauftragt, sei dahingestellt – in Räumen der UBS, zu denen er offiziell keinen Zugang hat, zur Vernichtung bestimmte alte Akten auf, die schliesslich zur Israelitischen Cultusgemeinde Zürich und zu einer Journalistin gelangen. Obgleich es sich um Dokumente handelt, die nichts mit dem Holocaust zu tun haben, wird der Vorfall als Beweis für die Verschleierungstaktik der Banken hochgespielt. Meili wandert in die USA aus, wo ihm «Asyl» gewährt wird. Ein in Zürich gegen ihn eingeleitetes Strafverfahren wegen seines Vertrauensmissbrauchs wird eingestellt. Der bereits erwähnte Rechtsanwalt Fagan formuliert eine Klage von Meili über 2,56 Milliarden Franken gegen die UBS.

Ende Januar **1997** veröffentlicht die Presse Auszüge aus einem vertraulichen Schreiben des Schweizer Botschafters in Washington, Carlo Jagmetti, an die «Task-Force». Seine Feststellung, «es geht um einen

Krieg, den die Schweiz an der Aussen- und Innenfront führen und gewinnen muss», wird als antisemitisch gewertet, und Bundesrat Flavio Cotti verlangt von ihm eine öffentliche Entschuldigung. Jagmetti zieht es vor, sich vorzeitig pensionieren zu lassen.

Auf Veranlassung der Schweizerischen Bankiervereinigung richtet der Bundesrat im Februar **1997** einen Spezialfonds, den sogenannten Holocaust-Fonds, ein. Er wird mit 100 Millionen Franken von den Schweizer Grossbanken, mit 70 Millionen Franken von seiten der Schweizer Wirtschaft und in der Folge auf Parlamentsbeschluss (ohne Volksabstimmung) mit 100 Millionen Franken der Nationalbank geäufnet. Mit der Betreuung dieses Spezialfonds, der als humanitäre Geste an Holocaust-Opfer gedacht ist, wird der damalige Präsident des Schweizerischen Israelitischen Gemeindebundes, Rolf Bloch, beauftragt.

Am 5. März **1997** macht Bundespräsident Arnold Koller überraschend die Mitteilung, die Schweiz werde Goldreserven der Nationalbank im Werte von 7 Milliarden Franken verkaufen und damit eine Solidaritätsstiftung errichten. Der Ertrag von 350 Millionen Franken werde je hälftig im In- und Ausland zur Linderung von Not eingesetzt.

Im Mai **1997** wird in den USA der erste Eizenstat-Bericht vorgelegt. In einem Vorwort von Unterstaatssekretär Stuart Eizenstat wird die Schweiz unbegründet schwer beschuldigt. Danach folgt ein Bericht- und Dokumentteil von insgesamt rund 500 Seiten.

Während des Sommers **1997** strahlt das Schweizer Fernsehen eine ganze Reihe von Beiträgen über die Rolle der Schweiz im Zweiten Weltkrieg aus, welche unser Land schwer belasten. Höhepunkt ist die verleumderische Koproduktion des Schweizer Fernsehens und der Britischen BBC «Nazigold und Judengeld», die in der Folge auch in den USA häufig gesendet wird. Diese Ausstrahlung führt zu heftigen Protesten aus der Schweizer Bevölkerung.

Im Juni **1997** werden bei einem US-Bundesgericht in New York gegen 16 europäische Versicherungen (darunter die Winterthur-, Zürich- und Basler-Versicherung) Sammelklagen von über insgesamt 24 Milliarden Franken eingereicht.

Auf Veranlassung der Eidgenössischen Bankenkommission veröffentlichen die Schweizer Banken am 23. Juli **1997** eine erste Liste. Sie enthält 1867 Konten von ausländischen Kontoinhabern mit insgesamt 61,2 Millionen Franken. Davon kann nur ein Bruchteil jüdischen Naziopfern zugeschrieben werden. Am 29. Oktober **1997** folgt die zweite Liste. Sie ist aufgeteilt in einen ausländischen Teil mit 3687 Namen (total 6,17 Millionen Franken) und einen schweizerischen mit rund 10'700 Namen (total 11,67 Millionen Franken auf Konten mit über 100 Franken).

Bereits Ende Januar **1997** wird im Stadtparlament von New York City eine Resolution eingebracht, die einen Boykott der Schweizer Banken zum Ziel hat. In der Folge stellt der Staat New York das kurzfristige Anlagegeschäft mit den Schweizer Banken ein.

Die Stadt New York schliesst unter Federführung ihres obersten Finanzbeamten Alan Hevesi die UBS aus dem Emissionssyndikat einer Bond-Anleihe aus. Auch Kalifornien setzt die Finanzgeschäfte mit Schweizer Banken generell aus.

Bei einem offiziellen Besuch der amerikanischen Aussenministerin Madeleine Albright in der Schweiz im November **1997** lobt sie zwar die von der Schweiz in die Wege geleiteten Bemühungen, wiederholt aber die Behauptung von Unterstaatssekretär Eizenstat, die Schweiz habe zur Kriegsverlängerung beigetragen.

In Hinsicht auf die im Dezember **1997** in London stattfindende internationale Goldkonferenz veröffentlicht die Bergier-Kommission eine statistische Übersicht über den Goldhandel der Schweiz während des Zweiten Weltkriegs, die keine nennenswerten neuen Erkenntnisse enthält. Ebenfalls im Dezember 1997 berät in New York die sogenannte Hevesi-Konferenz amerikanischer Finanzbeamter über Boykottmassnahmen gegen die Schweiz. Es wird ein Moratorium bis Ende März 1998 beschlossen, um den Schweizer Banken Gelegenheit zu geben, doch noch «Kooperationsbereitschaft» zu zeigen.

Am 31. Dezember **1997** kritisiert Bundesrat Cotti in einem Zeitungsinterview «diese Attacken». Er wird deswegen vom Vizepräsidenten des WJC, Kalman Sultanik, heftig angegriffen und sinngemäss mit Kriegsverbrechern verglichen.

Ende **1997** schliessen sich in der Schweiz gleichgesinnte Zeitzeugen der Aktivdienstzeit in einem Arbeitskreis zusammen und beginnen 1998, sich mit Veröffentlichungen gegen die zunehmende Verunglimpfung unseres Landes und die ungenügende Richtigstellung durch den Bundesrat zur Wehr zu setzen. Das positive Echo, das diese Proteste auslösen, gibt Ende **1998** den Anstoss zur Gründung des Vereins «Arbeitskreis Gelebte Geschichte (AGG)».

Im Januar **1998** veröffentlicht das Simon Wiesenthal Center in Los Angeles eine Studie des Historikers Alan Schom, in der der Schweiz vorgeworfen wird, jüdische Flüchtlinge in Sklaven-Arbeitslagern gehalten zu haben. Ähnliche Greuelmärchen verbreitet der englische Fernsehsender Channel 4. In den USA droht Rechtsanwalt Fagan mit einer Sammelklage zugunsten derart «misshandelter» Flüchtlinge.

Am 10. März **1998** erklärt der Präsident des WJC, Bronfman, an einer Veranstaltung in Kalifornien, es sei an der Zeit, der Schweiz den «Totalen Krieg» zu erklären, wenn sie nicht endlich Hand zu einer finanziellen Pauschallösung biete. Publiziert wird diese Aussage im «Jewish Bulletin of Northern California».

Im März **1998** stellen die Schweizer Banken in einem Brief gegenüber dem WJC und den Anwälten der Sammelklagen eine «ehrenhafte und moralische» Lösung in Aussicht, weil das Moratorium für Boykotte Ende Monat abläuft und somit ab 1. April neue Boykottmassnahmen drohen.

Im Mai **1998** trifft sich Präsident Bill Clinton in Genf mit Bundesrätin Ruth Dreifuss und Bundesrat Pascal Couchepin. Gleichzeitig hat Bundesrat Flavio Cotti in Israel eine Audienz bei Ministerpräsident Benjamin Netanyahu. Ausser höflichen Worten kommt es bei beiden Begegnungen zu keinen praktischen Erfolgen für die Schweiz.

Am 25. Mai **1998** veröffentlicht die Bergier-Kommission einen ersten Zwischenbericht: «Die Schweiz und die Goldtransaktionen im Zweiten Weltkrieg». Der Bundesrat beeilt sich, ihn gutzuheissen, vermutlich ohne dass er gründlich analysiert werden konnte.

Am 2. Juni **1998** wird in den USA der zweite Eizenstat-Bericht über die Rolle der neutralen Staaten während des Zweiten Weltkriegs veröffentlicht. Er befasst sich vor allem mit Portugal, Spanien, Schweden und der Türkei. Interessanterweise wird in bezug auf die Schweiz nur vermerkt, dass sie deutlich mit den Alliierten sympathisiert habe, und auch weitere Hinweise lassen erkennen, dass man sich inzwischen bewusst geworden ist, die Schweiz im ersten Bericht in zahlreichen Punkten ungerechtfertigt angegriffen zu haben.

Anfang Juni **1998** publiziert das Simon Wiesenthal Center in Los Angeles eine zweite Studie des Historikers Alan Schom, in welcher der Schweiz auf der ganzen Linie eine Nazifreundlichkeit angedichtet wird. In den Schlussfolgerungen wird die Schweiz zur Hochburg braunen Gedankenguts schlechthin gemacht.

138

Am 30. Juni **1998** reichen der Washingtoner Anwalt Michael Hausfeld und andere jüdische Anwälte im Namen von Holocaust-Opfern respektive deren Erben eine weitere Sammelklage beim amerikanischen Bundesbezirksgericht des Bezirks Columbia in Washington ein, diesmal gegen die Schweizerische Nationalbank. Diese nimmt die Haltung ein, dass ein amerikanisches Gericht dafür nicht zuständig sein könne.

Am 1. Juli **1998** findet eine weitere «Hevesi-Konferenz» statt, an der die Finanzverwalter von Stadt und Staat New York beschliessen, die Schweiz mit einer subtil durchdachten Staffelung von Boykotten kontinuierlich unter Druck zu setzen.

Seit Herbst 1995 gibt es in den eidgenössischen Räten eine Vielzahl von persönlichen Vorstössen zum Thema *Schweiz – Zweiter Weltkrieg*. Nachdem im Parlament zu Beginn die ausländischen Anliegen weitgehend unterstützt worden sind, ändert sich diese Einstellung nun aufgrund der ständigen Boykottdrohungen langsam. Es wird die Frage in den Raum gestellt, ob die Schweiz allenfalls zu Gegenboykotten greifen könne oder solle, falls die in den USA angedrohten Boykotte in die Tat umgesetzt würden.

Ende Juli **1998** schickt Bundespräsident Flavio Cotti – ohne Erfolg! – einen persönlichen Brief an Präsident Bill Clinton mit der Bitte, respektive der Aufforderung, er solle sich entschieden gegen die Sanktionen einsetzen.

Ab April **1998** sind Vertreter der Schweizer Banken, des WJC und der Anwälte der Sammelklagen mit Unterstaatssekretär Eizenstat im Gespräch, um über die Details einer «Globallösung» zu verhandeln. Boykotte und Sammelklagen sollten mit einer Pauschalzahlung in einen *«Gerechtigkeitsfonds»* eliminiert werden.

Am 12. August **1998** kann unter Vermittlung des zuständigen Sammelklagerichters Edward Korman eine umfassende Einigung getroffen werden. Die Banken erklären sich bereit, rund 1,8 Milliarden Franken zu bezahlen. Demgegenüber erklären die jüdischen Organisationen Verzicht auf jegliche weitere Forderungen, auch gegenüber der Schweizer Industrie und der Schweizerischen Nationalbank. Die Sammelklagen (mit insgesamt rund 30'000 Klägern) werden zurückgezogen, inklusive derjenigen von Christoph Meili.

Nur gerade drei Tage nach Abschluss dieser Globallösung wird aus Kreisen der Sozialdemokratischen Partei der Schweiz (SPS) gefordert, die Nationalbank habe aufgrund der Raubgoldproblematik 2,16 Milliarden Franken «zurückzuerstatten». An wen, ist nicht klar.

Am 17. September **1998** deckt die «Thurgauer Zeitung» auf, dass der Israelische Ministerpräsident Benjamin Netanyahu nach Abschluss der Globallösung einen Brief an Bronfman geschickt hat, in welchem er sich für dessen Einsatz in der Holocaustdebatte bedankt. Damit stellt sich die Frage, welche Rolle die Regierung Israels spielt und wie dieser Brief mit den vorgängigen moderaten Worten Netanyahus gegenüber Bundesrat Flavio Cotti bei seinem Besuch im Mai in Einklang zu bringen ist.

Am 20. Oktober **1998** besucht eine Parlamentarierdelegation aus der Schweiz das israelische Parlament Knesset. Der Sprecher verliest eine Grussbotschaft auf Hebräisch. Erst nachträglich erhält die Schweizer Delegation den Text übersetzt ausgehändigt und realisiert, was ihnen gesagt worden ist, unter anderem: «Ich hoffe, Sie sind mit mir einig, dass es unfassbar ist, dass jemand gesetzeswidrig das Geld von Zehntausenden von Holocaustopfern erbt. (...) Nach den Daten, die wir besitzen, sprechen wir über Millionen und Millionen von Schweizer Franken. Wir alle beten, dass die Verfahren beschleunigt werden, um diese Affäre zu Ende zu bringen. Es handelt sich um eine enorme Verpflichtung gegenüber dem jüdischen Volk.» Zu bedenken ist, dass diese Worte gesprochen werden, nachdem mit der Globallösung sämtliche offenen Forderungen bereinigt worden sind.

Am 31. Oktober wird gemeldet, dass Ministerpräsident Netanyahu im israelischen Parlament die vier Personen Edgar Bronfman, Alfonse D'Amato, Alan Hevesi und Stuart Eizenstat auszeichnen will. Aus Israel wird die Meldung dementiert. Trotz dem Dementi nimmt Netanyahu am 17. November **1998** die Ehrungen persönlich vor. Die heftige Kritik in der Schweiz verhindert nicht, dass der Bundesrat die Einladung von Ministerpräsident Benjamin Netanyahu zu einem Besuch in der Schweiz aufrecht hält. Doch Netanyahu sagt von sich aus kurzfristig ab.

Ebenfalls im November **1998** sichern sechs grosse europäische Versicherungen, darunter auch schweizerische, die Errichtung eines Holocaust-Fonds in der Höhe von 90 Millionen Dollar zu. Die für seine Verteilung zuständige Kommission wird vom früheren US-Aussenminister Lawrence Eagleburger präsidiert.

Vom 30. November bis zum 3. Dezember **1998** findet beim US Department of State in Washington eine internationale Konferenz zum Thema Nazi-Raubgut statt. Dabei einigen sich Vertreter von über 40

Staaten auf nichtverbindliche Leitlinien betreffend der Suche und der Rückerstattung von Raubkunst. Am Rande der Konferenz verteilt Jean-François Bergier als Präsident der UEK unaufgefordert zusammenhanglose Kurzbeiträge zu den Themen Gold, Assekuranz und Flüchtlinge.

Im März **1999** erlässt Bundesrichter Edward Korman in New York eine vorläufige Verfügung zur Genehmigung des Vergleichs der beiden schweizerischen Grossbanken mit den amerikanischen Klägern. Vergleichssumme 1,25 Milliarden Dollar. Edward Korman setzt Judah Gribetz als «Special master» ein, der einen Plan zur Verteilung des Geldes unter den verschiedenen Ansprechern und Anwälten bis zum 29. Dezember 1999, später verschoben auf 31. März **2000**, ausarbeiten soll.

Auf Veranlassung des Bundesrates wird im April **1999** eine Kurzfassung des UEK-Zwischenberichtes «Die Schweiz und die Goldtransaktionen im Zweiten Weltkrieg» in den vier Landessprachen und auf Englisch zur Gratisabgabe veröffentlicht. Die Nachfrage ist offensichtlich geringer als erwartet.

Am 18. Januar **1999** erfolgt die Veröffentlichung einer Liste mit rund 580 Namen von verschollenen Personen aus Osteuropa, deren Konten in der Schweiz im März 1975 an humanitäre Organisationen überwiesen worden waren.

Beim Bundesamt für Kultur wird am 26. Januar **1999** eine Anlaufstelle für Raubkunst geschaffen.

Anlässlich des Weltwirtschaftsforums in Davos im Januar **1999** wird nach einem Treffen zwischen Bundespräsidentin Ruth Dreifuss und dem amerikanischen Vizepräsidenten Al Gore festgehalten, die «Kontroverse» um die nachrichtenlosen Vermögen sei «beigelegt». Der AGG beanstandet in einem Schreiben an Frau Dreifuss, dass man nach der groben Verletzung zwischenstaatlicher Gepflogenheiten vorschnell zur Tagesordnung übergeht. *(Anhang Nr. 4)*

Die Schweizer Nationalbank veröffentlicht am 25. März **1999** die Studie «Die währungspolitischen Hintergründe der Goldtransaktionen der Schweizerischen Nationalbank im Zweiten Weltkrieg».

Per 31. März **1999** löst der Bundesrat die «Task-Force» auf, welche seit Beginn der «Krise Schweiz – Zweiter Weltkrieg» unter der Leitung von Botschafter Thomas Borer versucht hatte, die damit zusammenhängenden Fragen zu behandeln.

Ende Juni **1999** erscheinen in ca. 500 Zeitungen in rund 40 Ländern ganzseitige Inserate, die sich an Opfer und Überlebende des Holocaust wenden. Diese werden über die Bedingungen orientiert, unter denen sie Geld von der durch die beiden Schweizer Grossbanken gezahlten Vergleichssumme von 1,25 Milliarden Dollar beantragen können.

Ebenfalls im Juni 1999 schreibt die «Frankfurter Allgemeine Zeitung» anlässlich des 70. Geburtstags von Bronfman, dieser habe in Interviews mit sichtlichem Vergnügen berichtet, er habe mit allen Tricks, manchmal auch mit Halbwahrheiten gearbeitet, um die Schweizer Bankiers zu einer Entscheidung zu zwingen.

Am 11. August **1999** ehrt der amerikanische Präsident Bill Clinton den Präsidenten des WJC, Bronfman, mit der höchsten zivilen Auszeichnung der amerikanischen Regierung, der Presidential Medal of Freedom.

Der Bericht des «Independent Committee of Eminent Persons» über nachrichtenlose Konten von Opfern des Nationalsozialismus bei Schweizer Banken («Volcker-Bericht») wird im Dezember **1999** veröffentlicht. Trotz enormem Aufwand wurde nur ein winziger Bruchteil der ursprünglich vermuteten bzw. behaupteten Milliardenbeträge gefunden.

Die Bergier-Kommission veröffentlicht am 10. Dezember **1999** den umfangreichen Bericht «Die Schweiz und die Flüchtlinge zur Zeit des Nationalsozialismus». Darin wird die Schweiz schwer beschuldigt. Der Bericht stösst auf starke Kritik: Schon nur die publizierten Zahlen der angeblich an der Grenze zurückgewiesenen Flüchtlinge stimmen offensichtlich nicht.

Das Schweizer Bundesgericht weist am 21. Februar **2000** die Genugtuungsklage des jüdischen Flüchtlings Joseph Spring in der Höhe von 100'000 Franken ab. Gleichzeitig erhält Spring jedoch eine Prozessentschädigung in derselben Höhe zugesprochen.

Prof. Jean-Christian Lambelet, Lausanne, publiziert im März **2000** seine «Evaluation critique du Rapport Bergier sur ‹La Suisse et les réfugiés à l'époque du national-socialisme› et nouvelle analyse de la question». Er weist anhand der im Bergier-Bericht enthaltenen, aber nicht ausgewerteten Zahlen nach, dass die Wahrscheinlichkeit der Aufnahme grösser war als bisher behauptet. Insbesondere wurde der Beschluss zur vollständigen Schliessung der Grenze vom August **1942** in der Praxis kaum befolgt, die Zahl der aufgenommenen Flüchtlinge stieg in den Wochen danach stark an, was die UEK kaum würdigt.

Im März **2000** wird auf Initiative des AGG die «Interessengemeinschaft Schweiz – Zweiter Weltkrieg» gegründet. Sie ist ein loser Zusammenschluss von Organisationen (mit insgesamt mehr als 20'000 Mitgliedern) mit ähnlicher Zielsetzung. Sie richtet eine Petition an den Bundesrat, die einerseits postuliert, dass die Berichte der UEK vom Bundesrat kritisch geprüft und andererseits alle Akten der Bergier-Kommission sorgfältig archiviert werden, damit später deren Arbeit überprüft werden kann.

Bundesrichter Korman verfügt im März **2000** in New York, dass Judah Gribetz bis auf weiteres den Verteilplan nicht vorlegen, sondern Kormans Endentscheid abwarten soll, was Verteilkämpfe unter den potentiellen Nutzniessern vermuten lässt.

Der Bund und die Geschwister Sonabend, ebenfalls seinerzeit abgewiesene jüdische Flüchtlinge, einigen sich am 19. Mai **2000** aussergerichtlich. Die Geschwister erhalten zusammen unpräjudiziell eine Parteikostenentschädigung von 200'000 Franken und ziehen ihre eingeleiteten Klagen zurück.

Am 6. Juli **2000** publiziert die Bundesverwaltung folgende Mitteilung: «Die neue Interessengemeinschaft Schweiz – Zweiter Weltkrieg fordert den Bundesrat in einer Petition auf, zu den Bergier-Berichten ausführlich und kritisch Stellung zu nehmen».

Im September **2000** setzt Bundesrichter Korman den Verteilplan von Gribetz für die 1,25 Milliarden Dollar aus dem Bankenvergleich in Kraft. Auffällig ist, dass 800 Millionen, also mehr als die Hälfte, zur Befriedigung von Ansprüchen auf nachrichtenlose Konten vorgesehen sind. Dies, nachdem die gründlichen und für die Banken teuren Untersuchungen der Volcker-Kommission ergeben hatten, dass es 53'886 Konten «mit wahrscheinlichem oder möglichem Zusammenhang mit Opfern insgesamt» gab, aber keine Zahlen über die Höhe der Beträge genannt werden. Viele der Konten waren überdies geschlossen. Vermutungen gehen dahin, dass der Wert der Konten höchstens etwa 100 Millionen Franken beträgt.

Im September **2000**, kurz nach der Genehmigung des «Bankendeals», führt der WJC ein Galadiner als Siegesfeier durch. Ehrengäste sind u.a. Bill und Hillary Clinton, Stuart Eizenstat, Alfonse D'Amato.

Das Staatsarchiv Genf veröffentlicht am 10. Oktober **2000** den Bericht: «Les Réfugiés civils et la frontière genevoise durant la Deuxième Guerre mondiale». Daraus geht hervor, dass die im Bergier-Flüchtlingsbericht veröffentlichten Zahlen der an der Grenze weggewiesenen Flüchtlinge mit grösster Wahrscheinlichkeit deutlich zu hoch sind.

Die UEK gibt im November **2000** das Beiheft zum Flüchtlingsbericht «Roma, Sinti und Jenische zur Zeit des Nationalsozialismus» heraus. In krassem Widerspruch zu der Nichtberücksichtigung von Zeitzeugen bzw. der «oral history» in den früheren Berichten spielen hier Gespräche mit Verfolgten oder deren Nachkommen eine wichtige Rolle. Zeitzeugen sind offenbar nur gut, wenn sie die vorgefasste Meinung der UEK bestätigen.

Im Januar **2001** publiziert der AGG eine zweite Stellungnahme zum Zwischenbericht vom 25. Mai **1998** der UEK «Die Schweiz und die Goldtransaktionen im Zweiten Weltkrieg».

Am 4. April **2001** veröffentlicht Richter Korman auf dem Internet eine Liste von 27 schweizerischen Industrieunternehmen, die am Bankenvergleich teilhaben. Sie geniessen Schutz vor Klagen wegen Zwangsarbeiterbeschäftigung.

Prof. Angelo M. Codevilla, Boston, Autor des im Jahr zuvor erstmals erschienenen Buches «Between the Alps and a hard Place», hält im Juni **2001** auf Einladung des AGG in Bern einen öffentlichen Vortrag, in dem er seine harsche Kritik an der Administration Clinton bzw. ihrer Vernetzung mit jüdischen Organisationen wiederholt und die Schweiz gegen Erpressungen und Verleumdungen verteidigt.

Richter Korman gibt am 17. Juli **2001**, nach beinahe drei Jahren, endlich die ersten 43 Millionen Dollar aus dem Vergleich zwischen den Schweizer Grossbanken und jüdischen Klägern zur Überweisung frei. Die Auszahlung der Gelder in den USA beginnt.

Die «Bergier-Kommission» veröffentlicht am 30. August **2001** acht sogenannte «Studien und Beiträge zur Forschung» und kündigt für Ende November 2001 das Erscheinen weiterer 17 Publikationen an. Damit wird der Umfang der Druckerzeugnisse der UEK ohne den für März 2002 angekündigten Schlussbericht nahezu 11'000 Seiten umfassen.

Im September **2001** veröffentlicht die NZZ eine Stellungnahme von Prof. Jean-François Bergier zu der von ihm präsidierten UEK: diese sei von Parlament und Bundesrat mit einem von Panik diktierten Eifer und nicht frei von Naivität kreiert worden. (Anhang Nr. 9)

13. Anhang

ANHANG NR. 1

Vorstand AGG

a. Botschafter Dr. Herbert von Arx, Hägendorf † 1998
Prof. Dr.Dr.h.c. Hans-Georg Bandi, Prähistoriker, Bern, **Copräsident**
Dr. iur. H.R. Böckli, Bundeshaus-Journalist, Belp
Korpskdt aD Kurt Bolliger (Luftwaffe), ehem. Präsident SRK, Boll
Prof. Martin H. Burckhardt, a. Nationalrat, Basel
Elisabeth Bürki-Flury, Architektin, Bern, **Copräsidentin**
Dr. iur. Bernard Dubois, Fürsprecher, a. Sektionschef Direktion für Völkerrecht EDA, Bern
Hermann Fuhrer, a. Grossrat, Bern
Georg Gyssler, dipl.Ing. ETH, ehem. Geschäftsführer Brown Boveri Corporation, USA
Maurice Jaccard, Fürsprecher, a. Minister EDA, Spiegel b. Bern
Walter Hautle, Dr.sc.oec., Belp, **Vizepräsident**
a. Botschafter Marcel Heimo, Villars-sur-Glâne, **Vizepräsident**
a. Botschafter Dr. Heinz Langenbacher, Ferenberg
Prof. Dr.Dr.h.c. Ernst F. Lüscher, Biochemiker, Muri BE
Vigilio Massarotti, Dr. chem., Muttenz
Korpskdt aD Arthur Moll (Luftwaffe), Muri BE, **Vizepräsident**
a. Botschafter Dr. Friedrich Moser, Bern (bis Ende 2001)
a. Staatssekretär Dr. Raymond Probst, Bern † 2001
Dr. Markus Redli, a. Dir. Eidg. Finanzverwaltung, a. Präsident GD PTT, Basel
Rudolf Stettler, Fürsprecher, a. Minister EDA, Bern
Dr. Sigmund Widmer, a. Stadtpräsident Zürich, a. Nationalrat, St. German VS

ANHANG NR. 2

Pressecommuniqué des AGG vom September 2000

Von der Schweiz misshandelte Flüchtlinge?

Der vom US-Bezirksgericht ernannte «Special master» Judah Gribetz hat kürzlich den Verteilungsplan zu dem von Richter Korman zuvor verabschiedeten Vergleich mit den Schweizer Grossbanken bekanntgegeben. Dabei ist u.a. vorgesehen, dass die seinerzeit in der Schweiz zivilinternierten jüdischen Flüchtlinge, weil sie bei uns «festgehalten, misshandelt oder missbraucht» worden seien, mit Beträgen zwischen $ 250.– und 500.– entschädigt werden sollen. Dieser Mitte September veröffentlichte Bericht ist bisher bei uns kaum zur Kenntnis genommen worden. Weder haben die Massenmedien empört reagiert, noch hat sich der Bundesrat gegen diesen neuerlichen Anwurf von jüdisch-amerikanischer Seite verwahrt. Sicherlich ist es bei der notgedrungen improvisierten Betreuung von Flüchtlingen zu einzelnen Unzulänglichkeiten gekommen. Ähnliches geschah aber auch gegenüber Angehörigen unserer Armee, die unter harten Bedingungen und grossen Entbehrungen dazu beitrugen, dass ebendiese Flüchtlinge in der Schweiz überleben konnten. Die verallgemeinernde Disqualifikation zeigt, dass die Saat des einseitig dramatisierenden Flüchtlingsberichtes der sog. Bergier-Kommission aufgegangen ist. Als Zeitzeugen protestieren wir gegen dieses Zerrbild einer Schweiz, die im Gegenteil vor, während und nach dem Zweiten Weltkrieg ihrer humanitären Tradition unter den gegebenen schwierigen Voraussetzungen in weitgehendem Masse gerecht wurde.

Unser Protest richtet sich aber auch gegen die Absicht des Jüdischen Weltkongresses, den bei der Erpressung unserer Grossbanken sehr nützlichen Wachmann Christoph Meili – nun in den USA als «hero of the century» gefeiert – aus den schweizerischen Holocaust-Geldern «in Anerkennung für seine mutige und selbstlose Tat» zu entschädigen. Während der Bundesrat Millionen für die Verbesserung des Image der Schweiz in den USA einsetzt, reist dieser Pseudo-Winkelried auf Einladung jüdischer Kreise quer durch «unsere Schwesterdemokratie», eilt von Ehrung zu Ehrung, von einem Fundrising- und Galadiner zum andern und schädigt munter den Ruf unseres Landes jenseits des Atlantiks in Anwesenheit amerikanischer Prominenz aus Politik, Wirtschaft und Kultur.

ANHANG NR. 3

Antwort der amerikanischen Botschafterin Madeleine Kunin in Bern auf den Offenen Brief des AGG vom 24. Juni 1998

Dear Frau Bürki-Flury

I want to thank you and the other members of the «Arbeitskreis Gelebte Geschichte» for your open letter to me of June 24.

146

I would like to take this opportunity to address several of the points raised in your collective letter. First, I am very troubled by your description of growing anti-Semitism and anti-Americanism. I am sure you agree that there is no justification for anti-Semitism regardless of what justification anti-Semites might think they have. Given all that has happened in this century, concerned citizens of democratic countries have an obligation to speak out against such trends and make it clear that anti-Semitism and other forms of bigotry and hatred are not consistent with the values we share.

Second, I certainly understand some of the frustration you express with the current debate over Switzerland and its actions during the Second World War. Every generation reexamines the past in light of subsequent events and experience, but one must do so with an understanding and appreciation of the circumstances that prevailed at the time. I have also been troubled by some reports and accusations that seem to ignore the critical challenges Switzerland faced during the Second World War, its longstanding history of neutrality and the fact that the overwhelming majority of Swiss were anti-Nazi.

At the same time, it is perfectly appropriate that people raise new questions about the past and about the actions of our countries and our leaders. When past injustices are encountered, moreover, I believe it is right that we should take whatever action we can to provide remedies. I am thus very proud of the decision of my Government in 1989, for instance, to compensate Japanese Americans who were interned during the course of the Second World War. At the time, this seemed to many a reasonable security measure in light of the war with Japan, but from today's vantage point it seems inconceivable that we would single out citizens for such treatment simply because of their ethnic ancestry.

If I unterstand some of your frustration, I also understand the frustration of those who have waited fifty years for answers about the fate of assets that were stolen from them or their relatives or that were placed in Switzerland for safekeeping. Our message to those who urge boycotts or sanctions against Swiss banks or businesses, however, has been clear. The U.S. Government opposes such actions and believes they are inappropriate and counterproductive. We applaud the bold measures that Switzerland has undertaken to deal with these issues, especially the Volcker Committee and the Bergier Commission, and welcome generous Swiss support for needy victims of the Holocaust as evidenced by the «Special Fund» and the «Fund for Humanity and Justice». We believe that the only way to address the issue of Holocaust-era assets is through cooperation, not confrontation. We must continue to work together to find an appropriate and acceptable resolution to this problem.

As U.S. Ambassador to Switzerland, I am clearly concerned about the potential impact of this debate on U.S.-Swiss relations. I am convinced, however, that the ties which bind our two countries remain strong and vital. These ties are based on shared values and ideals, on strong commercial interests, and above all on close personal relations. While we should not shrink from a debate about the past or from raising difficult questions, we should do so in a manner that befits the excellent relations our two «Sister Republics» have so long enjoyed.
Sincerely yours
Madeleine May Kunin, Ambassador

Bern, July 1, 1998

ANHANG NR. 4

Schreiben des AGG vom 11. März 1999 an Bundespräsidentin Ruth Dreifuss

Sehr geehrte Frau Bundespräsidentin,

Mit Erstaunen und Irritation haben wir zur Kenntnis genommen, dass Sie in Davos zusammen mit dem Vizepräsidenten der USA festgestellt haben, die «gestörten Beziehungen» zwischen den USA und der Schweiz hätten sich normalisiert und die gegen unser Land erhobenen Vorwürfe seien kein Thema mehr.

Mit dieser Ansicht können wir nicht einiggehen. Anwürfe gegen unser Land, ebenso gerichtet gegen die Generation, die der Schweiz den Krieg erspart hat, wie gegen die heutige Bevölkerung im Stile von Staatssekretär Eizenstat als Sprachrohr der amerikanischen Regierung, von Senator D'Amato, von Bronfman als Präsident des WJC und von dem amerikanischen «Historiker» Schom im Auftrag des Simon Wiesenthal Zentrums können nicht einfach weggewischt werden. Zahllose Reaktionen aus dem Volke bestätigen diese unsere Meinung. Der Protest gegen die Sanktionierung des erlittenen Unrechts durch die Davoser Erklärung ist unüberhörbar.

Um die Trübung der Beziehungen zwischen den USA und der Schweiz ad acta zu legen, ist es unseres Erachtens mit der Feststellung, dass alles vergeben und vergessen sei, nicht getan. Angesichts der keinesfalls akzeptierbaren Beleidigungen und des gegen die Schweizer Banken gerichteten Erpressungsmanövers, an dem sich die US-Regierung beteiligt hat, wäre eine Entschuldigung der USA oder zumindest ein Zeichen des Bedauerns am Platz. Aber auch von schweizerischer Seite wäre wohl ein Ausdruck der Bestürzung über das unter befreundeten Ländern nicht übliche Vorgehen der USA angebracht gewesen. Wie unannehmbar übrigens die amerikanische Erpressung war, dürfte aus dem Ergebnis der Untersuchung der Volcker-Kommission hervorgehen.

Der Bundesrat muss sich Rechenschaft geben, dass für den Grossteil der Bürgerinnen und Bürger die Auseinandersetzung mit den USA eine Frage der persönlichen wie auch der nationalen Ehre und Würde darstellt. Dies mit Ausnahme einer Reihe von Nestbeschmutzern und gewisser Wirtschafts- und Bankenkreise, die den Streit einseitig aus der Sicht ihrer wirtschaftlichen Interessen sehen und immer wieder einen alarmierenden Mangel an historischem und aussenpolitischem Bewusstsein und nationalem Verantwortungsgefühl erkennen lassen.

Sie werden mit uns einiggehen, dass es letztlich auch um das Vertrauen des Volkes in den Staat geht. Wie soll ein Volk selbstsicher und vertrauensvoll in die Zukunft blicken, wenn seine Würde, nahezu unwidersprochen, mit Füssen getreten wird? Überdies gilt auch hier mit Blick auf die USA das Wort: «Hört nicht, was sie sagen, sondern seht, was sie tun!». Der politische Druck, den die Amerikaner auf die Schweiz ausüben (etwa in der Frage der Solidaritätsstiftung) und die Reaktionen jüdisch-amerikanischer Kreise, die uns – nach dem «Deal von New York» und der «Erklärung von Davos» – aus den USA gemeldet werden, lassen nichts Gutes erwarten.

Um zu vermeiden, dass wir Schweizer und Schweizerinnen als geldgierige Kriminelle in die Geschichte eingehen, sollte der Bundesrat mit aller Entschiedenheit und Klarheit gegen alle Angriffe auftreten und es nicht bei beschönigenden Erklärungen bewenden lassen. Er sollte mit den USA eine unmissverständliche Sprache sprechen. In erster Linie geht es aber um die Wiederherstellung der schwer geschädigten Würde unseres Landes. Wir hoffen sehr, dass sich der Bundesrat dieser Auffassung anschliessen kann und der US-Regierung entsprechende Zeichen gibt.

Wir danken Ihnen für Ihre Aufmerksamkeit und verbleiben mit vorzüglicher Hochachtung und freundlichen Grüssen

Arbeitskreis Gelebte Geschichte

(Der Brief blieb unbeantwortet)

ANHANG NR. 5

Bundesbeschluss 984 betreffend die historische und rechtliche Untersuchung des Schicksals der infolge der nationalsozialistischen Herrschaft in die Schweiz gelangten Vermögenswerte vom 13. Dezember 1996

Die Bundesversammlung der Schweizerischen Eidgenossenschaft, gestützt auf die Artikel 64 und 64bis der Bundesverfassung[1], nach Einsicht in den Bericht vom 26. August 1996[2] der Kommission für Rechtsfragen des Nationalrates und in die Stellungnahme des Bundesrates vom 16. September 1996[3], *beschliesst:*

Art. 1 Gegenstand

1 Untersucht werden Umfang und Schicksal von Vermögenswerten aller Art, die von Banken, Versicherungen, Anwälten, Notaren, Treuhändern, Vermögensverwaltern oder anderen natürlichen oder juristischen Personen oder Personengemeinschaften mit Wohnsitz oder Sitz in der Schweiz erworben, diesen zur Verwahrung, Anlage oder Übermittlung an Dritte übergeben oder von der Schweizerischen Nationalbank entgegengenommen wurden. Die Untersuchung bezieht sich auf Vermögenswerte, die:
a. Personen gehörten, die Opfer der nationalsozialistischen Herrschaft wurden oder von denen infolge dieser Herrschaft zuverlässige Nachrichten fehlen und deren Vermögen seither von den Berechtigten nicht beansprucht wurden;
b. infolge der Rassengesetze oder anderer diskriminierender Massnahmen im Einflussbereich des nationalsozialistischen Deutschen Reiches ihren rechtmässigen Eigentümern entzogen wurden; oder
c. von Mitgliedern der Nationalsozialistischen Deutschen Arbeiterpartei, vom nationalsozialistischen Deutschen Reich, seinen Institutionen oder Vertretern sowie diesen nahestehenden natürlichen oder juristischen Personen stammen, eingeschlossen alle Finanztransaktionen, die mit diesen Vermögenswerten durchgeführt wurden.
2 Die Untersuchung erstreckt sich ebenfalls auf die von der Schweiz seit 1945 getroffenen staatlichen Massnahmen, welche Vermögenswerte nach Absatz 1 zum Gegenstand hatten.
3 Der Bundesrat kann auf Antrag der Expertenkommission oder von sich aus den Gegenstand der Untersuchung neuen Erkenntnissen oder den Arbeiten anderer Untersuchungskommissionen anpassen.

AS **1996** 3487
[1] SR **101**
[2] BBl **1996** IV 1165
[3] BBl **1996** IV 1184

150

Art. 2 Durchführung der Untersuchung

1 Der Bundesrat setzt eine unabhängige Expertenkommission ein, welche den Umfang und das Schicksal der Vermögenswerte nach Artikel 1 historisch und rechtlich untersucht. Der Kommission gehören Expertinnen und Experten aus verschiedenen Fachrichtungen an.

2 Die Expertenkommission orientiert den Bundesrat regelmässig über den Stand der Arbeiten, namentlich wenn sich im Laufe der Untersuchung konkrete Hinweise auf Vermögensansprüche nach Artikel 1 ergeben.

Art. 3 Vertraulichkeit der Untersuchung

Die mit der Durchführung der Untersuchung betrauten Personen sowie ihre Mitarbeiterinnen und Mitarbeiter unterstehen dem Amtsgeheimnis. Der Bundesrat regelt die Einzelheiten in den Untersuchungsaufträgen.

Art. 4 Pflicht zur Aktenaufbewahrung

Akten, die der Untersuchung nach Artikel 1 dienlich sein könnten, dürfen nicht vernichtet, ins Ausland gebracht oder sonstwie schwerer zugänglich gemacht werden.

Art. 5 Pflicht zur Gewährung der Akteneinsicht

1 Die in Artikel 1 erwähnten Personen und Institutionen, ihre Rechtsnachfolger sowie Behörden und Amtsstellen sind verpflichtet, den vom Bundesrat bestimmten Mitgliedern der Expertenkommission und den von ihnen beigezogenen Forscherinnen und Forschern Einsicht in alle Akten zu gewähren, die der Untersuchung dienlich sein könnten.

2 Diese Pflicht geht jeder gesetzlichen und vertraglichen Geheimhaltungspflicht vor.

Art. 6 Verfügung über die Untersuchungsmaterialien

Sämtliche Untersuchungsmaterialien stehen in der alleinigen Verfügungsbefugnis des Bundesrates.

Art. 7 Veröffentlichung der Untersuchungsergebnisse

1 Der Bundesrat veröffentlicht die Untersuchungsergebnisse vollständig.

2 Personendaten werden für die Veröffentlichung anonymisiert, sofern überwiegende schutzwürdige Interessen lebender Personen dies erfordern.

Art. 8 Rechtsschutz

1 Bei Streitigkeiten über die Pflicht zur Aktenaufbewahrung und zur Gewährung der Akteneinsicht entscheidet das Departement auf Antrag der Experten.

2 Gegen den Entscheid des Departementes kann innert zehn Tagen Verwaltungsgerichtsbeschwerde beim Bundesgericht erhoben werden.

3 Das Departement und das Bundesgericht entscheiden unverzüglich.

4 Das Bundesgesetz vom 19. Juni 1992 [1] über den Datenschutz ist nicht anwendbar.

Art. 9 Strafbestimmungen

1 Wer vorsätzlich Artikel 4 oder einer gestützt auf Artikel 5 Absatz 1 erlassenen Verfügung zuwiderhandelt, wird mit Haft oder mit Busse bis zu 50'000 Franken bestraft. Handelt der Täter fahrlässig, so ist die Strafe Busse bis zu 10'000 Franken.

2 Die Strafbarkeit von Verletzungen des Amtsgeheimnisses nach Artikel 320 des Strafgesetzbuches[2] bleibt vorbehalten.

3 Für Widerhandlungen in Geschäftsbetrieben sind die Artikel 6 und 7 des Verwaltungsstrafrechtsgesetzes[3] anwendbar.

4 Die Strafverfolgung ist Sache der Kantone.

Art. 10 Finanzierung

Die Bundesversammlung bewilligt einen mehrjährigen Verpflichtungskredit für die Durchführung der Untersuchung nach Artikel 1.

Art. 11 Schlussbestimmungen

1 Dieser Beschluss ist allgemeinverbindlich.

2 Er wird nach Artikel 89bis Absatz 1 der Bundesverfassung[4] als dringlich erklärt und tritt einen Tag nach der Verabschiedung in Kraft.

3 Er untersteht nach Artikel 89bis Absatz 2 der Bundesverfassung dem fakultativen Referendum und gilt bis zum 31. Dezember 2001.

ANHANG NR. 6

Bundesratsbeschluss betreffend die historische und rechtliche Untersuchung des Schicksals der infolge der nationalsozialistischen Herrschaft in die Schweiz gelangten Vermögenswerte: Einsetzung der unabhängigen Expertenkommission vom 19. Dezember 1996

Der Schweizerische Bundesrat, in Umsetzung des Bundesbeschlusses vom 13. Dezember 1996 betreffend die historische und rechtliche Untersuchung des Schicksals der infolge der nationalsozialistischen Herrschaft in die Schweiz gelangten Vermögenswerte, beschliesst:

1. Gegenstand / Zweck

Die Untersuchung dient allgemein der historischen Wahrheitsfindung und soll Klarheit schaffen über den Umfang und das Schicksal der infolge der nationalsozialistischen Herrschaft in die Schweiz gelangten Vermögenswerte.

---

[1] SR **235.1**
[2] SR **311.0**
[3] SR **313.0**
[4] SR **101**

Im Rahmen des vom Bundesbeschluss vom 13. Dezember 1996 fest-gelegten Gegenstandes soll die Rolle der Schweiz, insbesondere des Schweizer Finanzplatzes untersucht werden sowie der Umgang der Schweiz mit diesem Abschnitt ihrer Geschichte.

Zu diesem Zweck wird eine unabhängige Expertenkommission (Kom-mission) eingesetzt.

2. Auftrag

Untersuchungsgegenstand sind im einzelnen die in Art. 1, Abs. 1 und 2, des Bundesbeschlusses definierten Themenfelder. Die Untersuchun-gen schliessen auch die Nachkriegszeit, namentlich die nachfolgenden staatlichen Massnahmen (Washingtoner Abkommen, Meldebeschluss von 1962 usw.) wie auch die amtliche historische Aufarbeitung dieser Ereignisse mit ein. Die Arbeiten der Kommission können auch die Befragung von Zeitzeugen einschliessen.

2.1 Der Bundesrat wünscht im Zusammenhang mit dem vom Bundes-beschluss definierten Untersuchungsfeld die Untersuchung insbeson-dere der folgenden Themenbereiche:

2.1.1 Bedeutung des Goldhandels, der Devisengeschäfte, Rolle der Schweizerischen Nationalbank, Rolle der Privatbanken, Bedeutung der Vermögensverwaltung (sowohl von Opfern des Naziregimes wie auch von Deutschen und ihren Kollaborateuren). Wissensstand der Beteiligten betreffend die Herkunft von Vermögenswerten. Transit von Fluchtgeld durch die Schweiz in andere Staaten.

Handel mit Kunstwerken, Schmuck usw. Umfang und Bedeutung die-ses Handels mit Raubgut, Kenntnisstand über die Herkunft dieser Vermögenswerte.

Rolle der schweizerischen Rüstungsproduktion, Übernahme deutscher Betriebe durch schweizerische Unternehmen, namentlich im Rahmen der Arisierungsmassnahmen, Finanzierung der Export/Import-Geschäfte.

2.1.2 Staatliche Massnahmen und rechtliche Grundlagen für Wirt-schaft und Finanzplatz, soweit sie für diese Untersuchung relevant sind. Diesbezügliche Abkommen der Schweiz zu den Achsenmächten und den Alliierten. Behördliche Massnahmen zur Devisenhandelskon-trolle, Bankenaufsicht, politische Kontrolle der SNB, Aus- und Ein-fuhrkontrollen, Kontrolle des Handels mit Kriegsmaterial.

Bedeutung der Flüchtlingspolitik im Zusammenhang mit den wirt-schaftlichen und finanziellen Beziehungen der Schweiz mit den Ach-senmächten und den Alliierten.

2.1.3 Massnahmen zur Identifikation, Kontrolle, Rückgabe von Raub-gut und Fluchtgeldern, Behandlung der nachrichtenlos gewordenen Vermögenswerte, Behandlung der Vermögenswerte aus den Achsen-mächten. Massnahmen zur Rückgabe von geraubten Vermögenswer-ten an die Eigentümer, bzw. deren Nachkommen/Erben, Definitionen von Anspruchsberechtigungen.

2.1.4 Rechenschaftsberichte der Behörden über ihre Tätigkeit. Offizielle historische Aufarbeitungen, Reaktionen auf ausländische Quelleneditionen.

2.2 Der Bundesrat kann auf Antrag der Kommission oder von sich aus den Gegenstand der Untersuchung neuen Erkenntnissen oder den Arbeiten anderer Untersuchungskommissionen anpassen.

3. Berichterstattung

3.1 Spätestens nach fünf Jahren fasst die Kommission ihre Ergebnisse in einem Schlussbericht zuhanden des Bundesrates zusammen.

3.2 Die Kommission legt dem Bundesrat Ergebnisse zu abgeschlossenen Forschungsbereichen in Zwischenberichten vor.

3.3 Auf Anfrage des Bundesrates verfasst die Kommission Berichte zu besonderen Fragen.

3.4 Die Kommission informiert umgehend den Bundesrat, wenn sich im Laufe der Untersuchung konkrete Hinweise auf Vermögensansprüche nach Art. 2, Abs. 2 des Bundesbeschlusses ergeben.

3.5 Die Kommission orientiert den Bundesrat regelmässig, mindestens aber alle sechs Monate, über den Stand ihrer Arbeit.

3.6 Über alle Sitzungen der Kommission werden Protokolle erstellt, welche gesamthaft zusammen mit den übrigen Akten und mit dem Schlussbericht abzuliefern sind.

4. Zusammensetzung

4.1 Die Kommission konstituiert sich selbst.

Gewählt sind

als Präsident:
– Jean-François Bergier, Zug, Professor an der ETH Zürich

als Mitglieder:
– Wladyslaw Bartoszewski, Warschau
– Saul Friedlaender, Jerusalem
– Harold James, Princeton (USA)
– Georg Kreis, Basel
– Sybil Milton, Washington
– Jacques Picard, Bern
– Jakob Tanner, Bielefeld, Zürich
– Joseph Voyame, Saint Brais (JU)

5. Organisation

5.1 Die Mitglieder der Kommission stehen in einem Auftragsverhältnis zum Bund. Die entsprechenden Verträge werden durch das Eidgenössische Departement für auswärtige Angelegenheiten, nach Konsultation des Eidgenössischen Finanzdepartements, abgeschlossen.

5.2 Die Kommission regelt ihr Entscheidungsverfahren.

5.3 Der Präsident, oder bei dessen Abwesenheit die StellvertreterInnen, vertreten die Kommission nach aussen.

5.4 Die Kommission legt ihre Arbeitsorganisation, den Zeitplan für ihre Arbeit und den Forschungsplan selber fest. Der Zeitplan berücksichtigt die unterschiedliche Dringlichkeit der verschiedenen Themenfelder.

5.5 Die Kommission richtet ein Sekretariat ein. Sie ernennt und entlässt ihr wissenschaftliches und administratives Personal im Namen des Bundes.

5.6 Die Anstellungen des wissenschaftlichen und administrativen Personals richten sich nach der Angestelltenordnung des Bundes oder nach der Verordnung über den öffentlichen Arbeitsvertrag in der allgemeinen Bundesverwaltung. Die Löhne sind mit dem Eidgenössischen Finanzdepartement zu koordinieren.

5.7 Die Kommission kann Sachverständige zu ihren Sitzungen einladen und deren Stellungnahmen oder Gutachten einholen. Sie formuliert die Mandate und setzt die Termine und die Entschädigung fest. Die Sachverständigen unterstehen dem Amtsgeheimnis.

6. Verhältnis zur Bundesverwaltung

6.1 Administrativer Ansprechpartner der Kommission und ihres Personals in der Bundesverwaltung ist das Eidgenössische Departement für auswärtige Angelegenheiten.

6.2 Wissenschaftlich-historischer Ansprechpartner der Kommission und ihres Personals in der Bundesverwaltung ist das Eidgenössische Departement des Innern. Das Schweizerische Bundesarchiv stellt der Kommission Räume, Infrastruktur und Dienstleistungen zur Verfügung. Die Kommission und ihre MitarbeiterInnen geniessen prioritären Zugang zum Archivgut. Die Zusammenarbeit wird in einer Vereinbarung zwischen der Kommission und dem Schweizerischen Bundesarchiv geregelt.

7. Finanzielle Ressourcen

7.1 Der Kommission steht für die fünfjährige Untersuchungsperiode der vom Parlament bewilligte Verpflichtungskredit von 5 Millionen Franken zur Verfügung.

7.2 Für die Deckung der laufenden Ausgaben im Jahre 1997 verfügt die Kommision über einen Zahlungskredit von 2 Millionen. Sollte dieser Kreditbetrag nicht ausreichen, kann die Kommission beim EDA eine Erweiterung des Krediteds bis maximal 1 Million beantragen.

7.3 Die Kommission führt eine Rechnungskontrolle und legt dem Eidgenössischen Departement für auswärtige Angelegenheiten einmal pro Jahr einen Bericht samt entsprechenden Belegen über die Beanspruchung des Krediteds vor.

8. Amtsverschwiegenheit, Vertraulichkeit und Informationen

8.1 Die Mitglieder der Kommission und deren MitarbeiterInnen unterstehen dem Amtsgeheimnis.

8.2.1 Die Verwendung von Dokumenten und die Weitergabe von Informationen aus nicht öffentlich zugänglichen Aktenbeständen ist den Mitgliedern, Mitarbeitenden und Mandatsträgern der UEK ausserhalb ihres Mandats nur unter Einwilligung des Aktenherrn erlaubt.

8.2.2 Es ist den Mitgliedern, Mitarbeitenden und Mandatsträgern der UEK untersagt, nach Beendigung des Auftrags- bzw. des Arbeitsverhältnisses oder bei Auflösung der Kommission Materialien (Kopien von Dokumenten, Exzerpte usw.), die aus nicht öffentlich zugänglichen Aktenbeständen stammen, zu behalten.

8.3 Die Beratungen der Kommission und die Gesamtheit ihrer internen Dokumente sind vertraulich.

9. Auflösung

9.1 Mit der Veröffentlichung der Untersuchungsschlussergebnisse wird die Kommission aufgelöst.

10. Inkrafttreten

Dieser Beschluss tritt sofort in Kraft.

ANHANG NR. 7

Die Mitglieder der Unabhängigen Expertenkommission Schweiz – Zweiter Weltkrieg (gemäss Publikation UEK)

Jean-François Bergier, Präsident, Historiker

Geb. 1931 in Lausanne. 1963–1969 Professor für Wirtschaftsgeschichte in Genf, ab 1969 Lehrstuhl für Geschichte an der ETH Zürich (spezialisiert auf Wirtschaftsgeschichte der Schweiz und Europas zwischen dem 13. und 18. Jahrhundert).

Sybil Milton, Vizepräsidentin, Historikerin

Geb.1941 in New York, † 2000. Lehraufträge an verschiedenen Universitäten der USA und Australiens. Von 1974–1984 Archivleiterin im Leo Baeck Institute in New York. 1987–1997 leitende Historikerin im U.S. Holocaust Memorial Museum in Washington, D.C.

Wladyslaw Bartoszewski, Historiker

Geb. 1922 in Warschau. Von 1940–1941 in Auschwitz interniert, anschliessend Widerstandskämpfer. Nach dem Krieg sechseinhalb Jahre politischer Häftling des Stalinismus. In der Folge Professur für Neuste Geschichte an der Universität Lublin (Polen) und für Politische Wissenschaft an deutschen Universitäten. 1991 Ehrenbürger des Staates Israel. 1990–1994 Botschafter Polens in Österreich, 1995 Aussenminister Polens, seit 1997 Mitglied des Senats der Republik Polen.

Saul Friedländer, Historiker

Geb. 1932 in Prag. Überlebte den Zweiten Weltkrieg versteckt als Flüchtling in Frankreich. Nach Kriegsende Professuren für Geschichte mit Schwerpunkt Zweiter Weltkrieg und internationale Beziehungen in Israel und den USA.

Harold James, Historiker
Geb. 1956. Professur für Geschichte an der Universität von Princeton (New Jersey, USA).

Helen B. Junz, Wirtschaftswissenschafterin
Nachfolgerin von Sibyl Milton
Amerikanische Staatsbürgerin. Von 1962–1979 Beamtin bei der US-Bundesregierung im ökonomischen Bereich. Von 1982–1994 Tätigkeit beim Internationalen Währungsfonds. Seit 1996 eigene Wirtschaftsberatungsfirma in London.

Georg Kreis, Historiker
Geb. 1943 in Basel. Professur für moderne Geschichte an der Universität Basel, Direktor des Europainstituts in Basel, Präsident der Eidgenössischen Antirassismus-Kommission, Leiter des Nationalfonds-Projektes «Beziehungen Schweiz – Südafrika».

Jacques Picard, Historiker
Geb. 1952 in Basel. Dozent für Geschichte und Kultur an der Bernischen Fachhochschule Biel und dort 1994–1997 Vorsteher einer Abteilung für Ingenieurausbildung, seit 2001 Ordinarius und Inhaber der Branco-Weiss-Professur für «Jüdische Geschichte und Kultur in der Moderne» an der Universität Basel. Seine Funktion als Delegierter für wissenschaftliche Koordination der UEK übernahm im Jahre 2000 Generalsekretär von Castelmur.

Jakob Tanner, Historiker
Geb. 1950 in Root (LU). 1997 Professur an der Universität Zürich für allgemeine und schweizerische Geschichte.

Daniel Thürer, Jurist, Nachfolger von Joseph Voyame
Geb. 1945 in St. Gallen. Seit 1983 Professur an der Universität Zürich für Völkerrecht, Europarecht, Staats- und Verwaltungsrecht. 1991 Wahl ins Internationale Komitee vom Roten Kreuz (IKRK).

Linus von Castelmur, Generalsekretär bis März 2001, Historiker
Geb. 1957 in Basel. 1990–1996 diplomatischer Mitarbeiter im Eidgenössischen Departement für auswärtige Angelegenheiten.

Joseph Voyame, Vizepräsident, Jurist
Geb. 1923 in Bassecourt (JU). Fürsprecher, Direktor des Bundesamtes für Geistiges Eigentum, darauf Stellvertretender Direktor der Weltorganisation für Geistiges Eigentum in Genf. Direktor des Bundesamtes für Justiz, a.o. Professor an der Universität Lausanne. Vorsitz der

UNO-Kommission gegen Folter. Rücktritt aus der UEK Ende Januar 2000.

Myrtha Welti, Juristin, Generalsekretärin
Nachfolgerin von Linus von Castelmur
Geb. 1945 in Chur. Von 1981–1991 wissenschaftliche Mitarbeiterin, von 1992–1994 stv. Generalsekretärin und von 1994–1996 Generalsekretärin der Schweizerischen Volkspartei (SVP).

ANHANG NR. 8

Rechtliche und politische Überlegungen des AGG zur Unabhängigen Expertenkommission Schweiz – Zweiter Weltkrieg (UEK) vom 5. September 1999
von Herbert von Arx

1. Forschungsgegenstand

1.1 Umschreibung des Forschungsgegenstands im Bundesbeschluss vom 13.12.1996
Rechtliche Grundlage für Begründung, Mandat und Kompetenzen der Unabhängigen Expertenkommission (UEK) ist der bis zum 31. Dezember 2001 befristete Allgemeinverbindliche Bundesbeschluss vom 13. Dezember 1996 *«betreffend die historische und rechtliche Untersuchung des Schicksals der infolge der nationalsozialistischen Herrschaft in die Schweiz gelangten Vermögenswerte».* In Art. 1 des Bundesbeschlusses wird dann von *Umfang und Schicksal von Vermögenswerten aller Art* gesprochen.

Die im Titel klar definierte Zielsetzung wird durch die folgenden Ausführungen, insbes. eben in Art. 1, Abs. 1 «Gegenstand» , bestätigt. Gemäss Art. 1 Abs. 2 erstreckt sich die Untersuchung *«ebenfalls auf die von der Schweiz seit 1945 getroffenen staatlichen Massnahmen, welche Vermögenswerte nach Abs. 1 zum Gegenstand haben».*

Diese übergeordnete Zielsetzung gilt auch im Zusammenhang von Art. 1 Abs. 3, wo dem Bundesrat die Kompetenz erteilt wird, *«auf Antrag der Expertenkommission oder von sich aus den Gegenstand der Untersuchung neuen Erkenntnissen oder den Arbeiten anderer Untersuchungskommissionen an(zu)passen».*

1.2 Umschreibung des Forschungsgegenstands im Bundesratsbeschluss vom 19.12.1996

Aufgrund des Allgemeinverbindlichen Bundesbeschlusses hat der Bundesrat mit seinem Beschluss vom 19. Dezember 1996, betitelt: *«Historische und rechtliche Untersuchungen des Schicksals der infolge der nationalsozialistischen Herrschaft in die Schweiz gelangten Vermögenswerte: Einsetzung der unabhängigen Expertenkommission»* (man beachte die erneute Eingrenzung auf *«das Schicksal ... der Vermögenswerte»*), die UEK ins Leben gerufen, seine Mitglieder gewählt und ein Mandat formuliert, usw.

In Ziff. 1 Abs. 2, erfolgt nun eine Ausweitung der Aufgabenstellung, indem der Bundesrat beschliesst: *«Im Rahmen des vom Bundesbeschluss vom 13. Dezember 1996 festgelegten Gegenstandes soll die Rolle der Schweiz, insbesondere des Schweizer Finanzplatzes untersucht werden, sowie der Umgang der Schweiz mit diesem Abschnitt ihrer Geschichte».* In Ziff. 2, insbes. in 2.1.1 bis 2.1.4 weitet dann der Bundesrat im Sinne der bereits über das Mandat des Parlaments hinausgehenden Ziff. 1 Abs. 2 das Untersuchungsgebiet nochmals aus. In Ziff. 2.2 seines Beschlusses verschafft sich schliesslich der Bundesrat in eigener Kompetenz quasi eine Blankovollmacht, indem er festhält: *«Der Bundesrat kann auf Antrag der Kommission oder von sich aus den Gegenstand der Untersuchung neuen Erkenntnissen oder den Arbeiten anderer Untersuchungskommissionen anpassen.»* Im Gegensatz zur entsprechenden Kompetenzformulierung im Bundesbeschluss, bezieht sich logisch diese Erweiterungsmöglichkeit nämlich nicht mehr auf den ursprünglich vom Parlament vorgesehenen Gegenstand der Forschung – *«die historische und rechtliche Untersuchung des Schicksals von Vermögenswerten aller Art»* –, sondern auf den vom Bundesrat in Ziff. 1 Abs. 2 seines Beschlusses bereits eigenmächtig ausgeweiteten Forschungsgegenstand.

1.3 Umschreibung des Forschungsgegenstands durch die UEK

Die UEK umschreibt denn auch in den Abs. 2 und 3 des Vorworts ihr Mandat folgendermassen: *«Die Funktion der Schweiz als Drehscheibe der Transaktionen hat sie in den Brennpunkt dieser Debatte versetzt. Es wurde daher dringend notwendig, dass endlich Klarheit in diese Angelegenheit gebracht würde. Die Unabhängige Expertenkommission Schweiz – Zweiter Weltkrieg, die im Dezember 1996 mit dem Auftrag eingesetzt wurde, die Geschichte der Schweiz und ihres Finanzplatzes während dieser Jahre gründlich zu untersuchen...»*

1.4 Kritik am Forschungsgegenstand der UEK

Wir stellen fest: Die Diskrepanz der tatsächlich zum Tragen gekommenen Auftragsumschreibung zum ursprünglich vom Parlament formulierten Untersuchungsgegenstand ist zu gross, als dass man hier noch von erlaubter Interpretation oder *«Anpassung an neue Erkenntnisse oder Arbeiten anderer Untersuchungskommissionen»* sprechen könnte. Wenn das Parlament tatsächlich diese nun erfolgte Untersuchung gewollt hätte, hätte es den Untersuchungsgegenstand auch entsprechend formulieren müssen. Die vom Bundesrat vorgenommene Ausweitung des Forschungsgegenstandes geht zu weit. Zwar hätte er, gestützt auf BV Art. 102 Ziff. 8, in eigener Kompetenz eine Kommission einsetzen und deren Mandat umschreiben können. Da aber ein entsprechender Beschluss des Parlaments vorliegt, auf den sich der Bundesrat stützt, ist er auch an dessen Formulierung gebunden.

2. Verhaltensregeln

2.1 Verbindliche Verhaltensregeln
gemäss Bundesbeschluss und Bundesratsbeschluss
Sowohl gemäss Bundesbeschluss als auch gemäss Bundesratsbeschluss hat die UEK dem Bundesrat Bericht zu erstatten. Es steht ihr somit nicht frei, im Bereich ihres Auftrags End- oder Zwischenergebnisse (z.B. reine Thesenpapiere, wie sie Prof. Bergier an der Raubgut-Konferenz von Washington verteilt hat) nach Belieben an andere Instanzen oder Personen zu vermitteln, dazu Vorträge zu halten oder sich im Zusammenhang mit der Materie ihres Auftrags an Seminarien und Konferenzen zu beteiligen. Diese Verpflichtung wird dadurch unterstrichen, dass sowohl gemäss Bundesbeschluss als auch gemäss Bundesratsbeschluss die Untersuchung vertraulich zu geschehen hat, die Mitglieder der Kommission dem Amtsgeheimnis unterstehen und die Veröffentlichung der Ergebnisse durch den Bundesrat vorzunehmen ist. (Zu den anwendbaren Bestimmungen von Bundesbeschluss und Bundesratsbeschluss vgl. die nachfolgende Ziff. 3.1.)

2.2 Kritik am Verhalten der UEK
Wir stellen fest: Die UEK oder zumindest ihr Präsident und einzelne ihrer Mitglieder haben in der Vergangenheit die ihnen durch Bundesbeschluss und Bundesratsbeschluss gesetzten Verhaltensregeln missachtet.

3. Stellung und Verantwortung der UEK – Frage der Kontrolle

3.1 Keine klaren Bestimmungen
im Bundesbeschluss und im Bundesratsbeschluss
Über die rechtliche Stellung der Kommission und deren Verantwortung schweigt sich der Allgemeinverbindliche Bundesbeschluss weit-

gehend aus. Hinweise finden sich in Art. 2 Abs. 2: «*Die Expertenkommission orientiert den Bundesrat regelmässig über den Stand der Arbeiten, namentlich wenn sich im Laufe der Untersuchung konkrete Hinweise auf Vermögensansprüche nach Art. 1 ergeben.*» In Art. 3 steht: «*Die mit der Durchführung der Untersuchung betrauten Personen sowie ihre Mitarbeiterinnen und Mitarbeiter unterstehen dem Amtsgeheimnis.*» Art. 7 bestimmt in Abs. 1: «*Der Bundesrat veröffentlicht die Untersuchungsergebnisse vollständig*», in Abs. 2: «*Personendaten werden für die Veröffentlichung anonymisiert, sofern überwiegende schutzwürdige Interessen lebender Personen dies erfordern.*» Die Regelung des übrigen rechtlichen Rahmens der Kommission auferlegt der Bundesbeschluss dem Bundesrat (Art. 3, letzter Satz: «*Der Bundesrat regelt die Einzelheiten in den Untersuchungsaufträgen*»).

Der Bundesrat selbst wiederholt in seinem Beschluss z.T. die Bestimmungen des Bundesbeschlusses (z.B. Ziff. 3: «*Berichterstattung*», Ziff. 8.1 «*Amtsverschwiegenheit, Vertraulichkeit und Information*») oder spezifiziert diese. In Ziff. 5: «*Organisation*» seines Beschlusses findet man dann einige Ansätze zu einer Regelung des übrigen rechtlichen Rahmens der Kommission. So lautet Ziff. 5.1 «*Die Mitglieder der Kommission stehen in einem Auftragsverhältnis zum Bund...*».

3.2 Überhaupt keine Bestimmungen zu Aufsicht, Kontrolle und Verantwortlichkeit

Nirgendwo finden sich spezifische Bestimmungen darüber, wer die rechtliche und politische Aufsicht, Kontrolle und Verantwortung über die UEK innehat, wofür und gegenüber wem die Kommission verantwortlich ist. Sowohl Bundesbeschluss als auch Bundesratsbeschluss sprechen allerdings von einer «*unabhängigen Expertenkommission*». Das ist jedoch differenziert zu betrachten. Die UEK steht in einem Auftragsverhältnis zum Bund, d.h. mit andern Worten, zum Schweizervolk. Da im Mandat weitere konkrete Bestimmungen fehlen, gelten subsidiär die Regeln des dreizehnten Titels des Obligationenrechts. Dieses hält in Art. 394, Abs. 1 folgendes fest: «*Durch die Annahme des Auftrags verpflichtet sich der Beauftragte, die ihm übertragenen Geschäfte oder Dienste vertragsgemäss zu besorgen.*» Es muss somit jemand berechtigt – und im vorliegenden Fall sogar verpflichtet – sein, Verhalten und Ergebnisse der Kommission auf die Vertragsgemässheit hin zu überprüfen. Diese Auffassung scheint auch die GPK des Nationalrats zu teilen, die in ihrem Schreiben vom 4.11.98 an den AGG ausführt: «*Anderseits ist sie (die Unabhängige Expertenkommission) dem Parlament und dem Bundesrat bezüglich der Befolgung des Bundesbeschlusses und seiner Vollzugsbestimmungen Rechenschaft schuldig.*»

3.3 Kritik an der bisherigen Handhabung von Aufsicht, Kontrolle und Verantwortung

Wir stellen fest: Die UEK ist für ihr Verhalten und ihre Berichte dem Auftraggeber gegenüber verantwortlich. Dadurch unterscheidet sich ihr Status von demjenigen wirklich frei schaffender Wissenschafter. Die Aufsicht über die UEK obliegt Bundesrat und Parlament gemeinsam, die in Vertretung des eigentlichen Auftraggebers, des Schweizervolkes, zu handeln haben. Sie dürfen sich jedoch nicht mit einer bloss routinemässigen Absegnung der Berichte der UEK und der Kontrolle derer Rechnungsführung begnügen.

4. Schlussfolgerungen

4.1 Gegendarstellung zu den bisherigen Ergebnissen der UEK-Forschung

Die UEK hat nicht nur das «falsche Thema» behandelt, sie hat auch, wie wir in unserem Kommentar vom 25. September 98 bereits festgestellt haben, mit ihrem Zwischenbericht eine Arbeit geliefert, die nicht dem Leitmotiv «Wahrheit, Gerechtigkeit und Solidarität» entspricht, wie das der Bundesrat immer als Richtlinie propagiert. Der Goldzwischenbericht zeichnet ein derart einseitiges Bild, dass sich unseres Erachtens eine Gegendarstellung auf gleichem offiziellem Niveau, wie es die Berichte der UEK haben, als unumgänglich erweist. Wir erinnern diesbezüglich an den sachlichen Bericht von Carl Ludwig über «Die Flüchtlingspolitik der Schweiz» von 1955, der zusammen mit einer eingehenden Stellungnahme des damals bereits zurückgetretenen Vorstehers des EJPD während der Kriegsjahre, Eduard von Steiger, veröffentlicht wurde.

4.2 Durchsetzung der Verhaltensregeln

Der UEK sollten, nötigenfalls unter Androhung des Mandatsentzugs, die für sie verbindlichen Verhaltensregeln nachdrücklich in Erinnerung gerufen werden.

4.3 Keine Kurzfassung der bisherigen Arbeiten der UEK-Forschung

Auf die Publikation der Kurzfassung des Goldzwischenberichts ist zu verzichten.

ANHANG NR. 9

Von der Zeitgeschichte überrascht

Erlebnisse eines Mediävisten (erschienen in der NZZ, 8./9. September 2001, aus NZZ-online)
Von Jean-François Bergier

Ein nicht voraussehbares Zusammenwirken verschiedener Umstände hat einen Erforscher des Mittelalters zu einer weitreichenden Untersuchung über die Zeit des Zweiten Weltkriegs geführt; ein Historiker ist in ein hoch politisches und emotionales Umfeld geraten: Anlass zu kritischem Nachdenken über Methoden und ethische Voraussetzungen, Risiken und Überraschungen seiner Wissenschaft und das stets neu zu befragende Verhältnis zwischen Subjekt und Objekt, Geschichtsschreiber und Geschichte.

Aus Gründen, an die ich hier nicht erinnern muss, hat sich die Schweiz seit 1995 unter dem Druck der Vorwürfe, die ihr für Handlungen und Unterlassungen während und nach dem Zweiten Weltkrieg gemacht wurden, zu einer Gewissenserforschung genötigt gesehen. Es ging um Nachlässigkeiten der Banken bei der Verwaltung und Rückgabe der nachrichtenlosen Vermögen von Opfern des Holocaust; um eine nachträglich als opportunistisch empfundene Neutralitätspolitik; um Verstösse gegen die humanitäre Tradition der Eidgenossenschaft, da sie Flüchtlinge in grosser Zahl von ihren Grenzen zurückgewiesen hatte; und um wiederholte wirtschaftliche Konzessionen an die faschistischen Staaten, namentlich an das Hitlerregime. Solche Anklagen konnten ebenso gut manche anderen Länder treffen, die aus verschiedenen Gründen auch keine einwandfreie Vergangenheit haben; was in der Folge tatsächlich geschehen ist. Indessen bot sich als erstes Opfer des Sühnegerichts die Schweiz an, die unversehrt durch die Kriegszeit gekommen war und auf ihr sogar einen gewissen Wohlstand gegründet hatte; auch fand sie sich nach der Wende von 1989 nicht mehr unangefochten in ihrer Identität und als «Sonderfall» isoliert. Und überdies hatte die Schweiz ein idealisiertes, beinahe heroisches Bild ihrer Rolle im Krieg bewahrt und gepflegt; die nicht so ganz klaren Aspekte ihrer Haltung waren tabuisiert worden. Was viele Historiker zwischen 1960 und 1990 ans Licht brachten, fand wenig Gehör und hinderte nicht, dass zwischen Wirklichkeit und legendenhafter Erinnerung ein Mythos aufgebaut wurde.

163

Eine Ad-hoc-Kommission

Die Bundesbehörden und die Bevölkerung unterschätzten anfangs das Gewicht der von aussen erhobenen Anklagen und die politische wie die wirtschaftliche Bedrohung, die sie enthielten. Monatelang entzog man sich einer Auseinandersetzung. Doch im Herbst 1996 verschärfte sich die Krise in einer Weise, die das internationale Ansehen des Landes und sein inneres, auf Konsens beruhendes Gleichgewicht in Frage zu stellen begann. Während die zunächst betroffenen Banken finanzielle Vereinbarungen auszuhandeln suchten, um die umstrittenen Guthaben zu liquidieren und ihre Stellung auf dem amerikanischen Markt zu behaupten, setzten Parlament und Bundesrat Ende 1996 eine «unabhängige Expertenkommission» ein, die innerhalb von fünf Jahren eine gründliche Klärung dieser belasteten historischen Phase, des Verhältnisses der Schweiz zum nationalsozialistischen Deutschland und zu den anderen Staaten, erarbeiten sollte. Mit einem Eifer, der von Panik diktiert und von Naivität nicht frei war, wollte man so die Krise meistern: Rückhaltlose historische Transparenz, durch eine Anstrengung ohne Beispiel herbeigeführt, sollte alle Bedrohungen bannen. Aus acht Historikern und (nur) einem Juristen wurde die Kommission gebildet; die fünf schweizerischen und die vier ausländischen Experten waren entsprechend ihrer fachlichen Zuständigkeit und ihrer Unabhängigkeit gegenüber pressure groups und betroffenen Institutionen ausgewählt worden. Im letzten Augenblick (am Tag vor der offiziellen Bekanntgabe) wurde ich – da sich eine für alle Mitglieder des Bundesrats und für das ganze politische Spektrum akzeptable Persönlichkeit nicht gewinnen liess – aufgefordert, den Vorsitz zu übernehmen.

Es wäre zweifellos natürlicher und vom rein wissenschaftlichen Standpunkt ergiebiger gewesen, sich an die normalen Kanäle der Forschung zu halten und diese Aufgabe als Projekt des Schweizerischen Nationalfonds anzugehen, an dem sich die interessierten und kompetenten Historiker hätten beteiligen können. Da man zu einer raschen Entscheidung kommen wollte, sprachen zwei Gründe dafür, vom üblichen Weg abzugehen. Die Schaffung einer Ad-hoc-Kommission erschien als symbolischer Akt, der unmittelbar auf die allgemeine Stimmung einwirken, die Anklagen des Auslands entkräften und das Vertrauen im Innern wiederherstellen konnte. Das wurde zum Teil tatsächlich erreicht, die Initiative fand allgemein Anklang, mit Vorbehalten hinsichtlich der Zusammensetzung einer Kommission, die – der Preis ihrer Glaubwürdigkeit – verschiedenen Ansprüchen gerecht wurde, aber nicht jedermann behagte. Andererseits wurde der Kommission ein ganz ungewöhnliches Privileg zuteil: freier Zugang zu allen fraglichen Archiven, ob öffentlich oder privat, also zu Firmenarchiven ohne Rücksicht auf das gesetzliche Bankgeheimnis und auf den Schutz der Privatsphäre. Ein ungewöhnliches, aber natürlich an die Pflicht zur Vertraulichkeit gebundenes Privileg, dessen Nutzung auf einen engen und streng kontrollierten Kreis von Forschern beschränkt blieb.

So fand ich mich also an die Spitze dieses gewichtigen Unternehmens und in eine politische Sphäre versetzt, die ich sehr wenig kannte; eine Verantwortung war mir zugefallen, auf die ich kaum vorbereitet war; und mit welchen Erwartungen – in- und ausländischen, also verschiedenartigen – ich zu rechnen hatte, konnte ich erst im Lauf der Arbeit allmählich feststellen. Vor allem war ich aus meinem gewohnten Arbeitsbereich, dem Studium der alpinen Gesellschaft und Wirtschaft im Mittelalter und in der frühen Neuzeit, in eine zeitgeschichtliche Thematik geraten, für die ich mich bis dahin bloss punktuell und nebenher interessiert hatte. An den Aufregungen des Herbsts 1996 hatte ich nur von weitem Anteil genommen, ich war der Entwicklung in meiner Zeitungslektüre gefolgt wie jeder andere Staatsbürger auch, aufmerksam, aber ohne mich persönlich beteiligt zu fühlen. Die Umstellung war nachhaltig und hat mir viele Erfahrungen gebracht. Einige davon möchte ich hier mitteilen.

Lange und kurze Zeit

Gewiss bleiben sich die Grundregeln der Geschichtswissenschaft gleich, ob man es mit dieser oder mit jener Epoche zu tun hat. Und das gilt für die ethischen so gut wie für die methodischen Regeln: Man bemüht sich um Objektivität; man will die richtigen Fragen stellen; man begegnet den Quellen mit kritischem Respekt; man achtet auf den Kontext und auf die Perspektive, aus denen die gesicherten Fakten zu interpretieren sind; man sucht das erworbene Wissen in einer klaren, verständlichen Sprache zu vermitteln. Ich habe aber mehr und mehr erkennen müssen, dass die Anwendung dieser Regeln und damit die handwerkliche Praxis doch deutlich verschieden bedingt sind. Der Mediävist, der mit den Fragestellungen der Zeitgeschichte konfrontiert wird, erlebt Überraschungen. Bald gerät er in Verlegenheit, weil ihm die Anforderungen, die spezifischen Probleme und Vorgehensweisen nicht vertraut sind; bald findet er sich im Vorteil, wenn er andere Gesichtspunkte, die aus seiner eigenen Erfahrung stammen, geltend machen und seine Kollegen von ihrer methodischen Tauglichkeit überzeugen kann; wobei er mitunter auf Widerstand stösst. Die Zeithistoriker schenken dem Wissen des Mediävisten nicht immer viel Aufmerksamkeit. Was ein paar Jahrzehnte weiter zurückliegt als ihr Forschungsgebiet, interessiert sie kaum; das Umgekehrte stimmt freilich auch. Denn die Spezies des Allgemeinhistorikers wird immer seltener, und ich empfinde heute mehr denn je, wie bedauerlich das ist – wie gefährlich für die Zukunft unserer Wissenschaft.

Die Unterschiede des Vorgehens oder der Haltung, die ich beobachtet habe, finden sich auf vier Ebenen: in der Beziehung des Forschers zur Zeit, das heisst zur Dauer der Erscheinungen, die er betrachten will; in seiner Beziehung zu den Quellen; in seiner Beziehung zu den Werten (zu den Kriterien des Verhaltens), die in der von ihm erforschten Gesellschaft gelten; schliesslich in seiner gefühlsmässigen Beziehung zum behandelten Thema. Ich versuche das zu erläutern, so gut das bei einer sehr frischen, noch längst nicht verarbeiteten Erfahrung schon möglich ist – wenn es je möglich sein wird.

Der am leichtesten sichtbare und gewiss auch natürlichste Unterschied betrifft das Verhältnis zur Zeit, ihrer Dichte und Dauer. Als Mediävisten sind wir gewohnt, uns in einem grossen Zeitraum zu bewegen, selten in weniger als einem Jahrhundert, meistens über mehrere hin. Unsere Aufmerksamkeit gilt vorwiegend der langsamen Entwicklung der Strukturen von Gesellschaft und Wirtschaft, Institutionen, Formen der Kultur oder der Religiosität. Selbst wenn wir eine Biographie – Karls des Grossen, Friedrichs II., Lorenzo Medicis, Luthers – oder die detaillierte Schilderung eines einmaligen, kurzen Ereignisses wie der Schwarzen Pest von 1348 oder der Burgunderkriege entwerfen, interpretieren wir sie im Hinblick auf eine Zeitstrecke, die uns weit über sie hinausführt. Demgegenüber hält sich der Zeithistoriker an eine kurze Spanne, an ein kompaktes Ereignis wie den Ersten oder den Zweiten Weltkrieg: vier oder sechs Jahre; er geht wohl den Ursachen nach, aber er sucht sie – meistens mit Recht – innerhalb von ein bis zwei Jahrzehnten. Manche Probleme führen weiter zurück, stellen aber für die Zeitgeschichte doch eher Ausnahmen dar. Es handelt sich hier um eine legitime Erscheinung, die sich allein schon aus der Fülle der Primärquellen erklärt; dann aber auch aus der Komplexität der Ereignisse in einer Welt, die im Vergleich zum Mittelalter grösser, dichter und in ihrer Entwicklung schneller geworden ist. So muss aber der Historiker, der von einem Zeitalter ins andere hinüberwechselt, seine Brille der neuen Masseinheit anpassen. Das ist gar nicht so leicht. Und besonders dann nicht, wenn er es mit einer Epoche zu tun bekommt, die er selber erlebt hat; mag er auch, wie ich zwischen 1939 und 1945, noch ein Kind gewesen sein: Das eigene Gedächtnis wird dann zu einem – wenig zuverlässigen – Messinstrument. Und doch erweist sich der Mediävist mit seinem Zeitgefühl oder -bild als nützlich. Er kann ein Ereignis von kurzer Dauer in eine Perspektive stellen, die ihm Relief verleiht, die seine Interpretation bereichert und nuanciert, übereilte und einseitige Schlüsse vermeiden hilft.

Ein weiteres Phänomen ist mir aufgefallen, das mit der Kürze der betrachteten Zeit zusammenhängt. Die Erforscher der Zeitgeschichte – und besonders die jüngeren – sind darauf aus, Tabus zu beseitigen und überlieferte Denkmuster zu berichtigen. So hoffen sie sich zu profilieren. Und sie haben oft recht, wenn sie das von der individuellen oder kollektiven Erinnerung bewahrte und weitergegebene – subjektive, parteiliche, einseitige – Bild einer noch nahen, aber auch quälenden Vergangenheit, des Zweiten Weltkriegs, des Holocaust, korrigieren und klären. Diese Forscher geben sich alle Mühe, mit Vorurteilen und festgeschriebenen Wahrheiten aufzuräumen. Doch wenn sie sich auf das vorangegangene Jahrhundert einlassen, um dort das eine oder andere Argument zu finden, verlässt sie ihr kritischer Sinn, und ohne Bedenken greifen sie irgendeine tradierte Meinung auf, die sie nicht überprüfen. Ich habe das feststellen können, als es um die Wurzeln des Antisemitismus und um die Asyltradition der Schweiz ging.

Die Quellen

Das Verhältnis zu den Quellen wird durch ihre Menge bestimmt. Auch die zeitgenössische Archive weisen Lücken auf, die uns oft genug beunruhigen können. Im Ganzen ist es jedoch die grosse Zahl der Zeugnisse, die uns zu schaffen macht, uns zu strenger Auswahl zwingt und die Forschung in Teilgebiete und – wie schon erwähnt – in kurze Zeitabschnitte zerfallen lässt. Aber die Textmasse stumpft auch den kritischen Sinn ab. Wo der Mediävist seine seltenen Dokumente um- und umwendet, um ihre Echtheit und Glaubwürdigkeit zu prüfen, neigt der Zeithistoriker zu einem weniger misstrauischen Umgang mit seinen Quellen; er läuft eher Gefahr, sich von ihnen täuschen zu lassen. Auch sind ihre Fehler anders gelagert, und die Gründe ihrer Lügenhaftigkeit sind von anderer Art, aber es gibt sie heute so gut wie in früheren Zeiten. Auch da bewährt sich die Vorsicht, die der Mediävist sich angeeignet hat.
Andererseits fehlt ihm das Instrumentarium für die Auswertung einer Quellenart, der er bisher nicht begegnet ist: die Mitteilungen von Zeitzeugen. Von der «oral history» und ihren Methoden kann er aber vieles lernen für die Interpretation alter Schriftstücke, in denen eine mehr oder weniger spontane mündliche Aussage festgehalten wird – seien es Verhörprotokolle oder notarielle Akten über Wechselproteste oder Streitigkeiten zwischen Geschäftsleuten. Ein mündliches Zeugnis, vor allem wenn es erst lange Zeit nach den Vorfällen abgelegt wird, die es betrifft, wird selten genaue und noch seltener vollständige Auskunft erteilen. Aber es lässt den Kontext erkennen, die Atmosphäre, das in den offiziellen Akten und sorgsam redigierten Denkschriften nicht Gesagte. Das war mir neu, faszinierend und lehrreich. Entsprechendes müsste für die Untersuchung der ikonographischen und audiovisuellen Zeugnisse gelten. Hier aber sind die Zeithistoriker, soweit ich mit ihnen in Kontakt gekommen bin, nicht sehr weit fortgeschritten.

Und kann man die Informationen, die wir einer Photographie, einem Film entnehmen, mit denen vergleichen, die uns eine Miniatur oder ein Freskenzyklus vermittelt? Qualität und Sinn der Botschaft sind allzu verschieden.

Die Werte

Jeder Historiker, der eine Gesamtheit von Fakten, ob älteren oder neuen, vor sich hat, die er gewissenhaft ausdeuten will, trachtet danach, das Wertsystem oder die Wertsysteme zu erkennen, die zu der fraglichen Zeit das Verhalten von Gruppen und Individuen rechtfertigten oder aber verurteilten, und sucht sie in seine Untersuchung einzubauen. Er muss die moralischen und sozialen Kriterien ausmachen, die eine vergangene Gesellschaft bestimmten; er muss aber auch untersuchen, wie und warum diese Kriterien sich veränderten. Solch unerlässliche Klärung folgt zwei Hauptachsen, die eng miteinander verbunden sind: Geschichte der Institutionen und Geschichte der Mentalitäten. Die Geschichte der Institutionen und Rechtsnormen kann auf eine lange Tradition zurückblicken, die in die Zeit der Humanisten zurückreicht. Sie hat sich seither beständig verfeinert. Die Erforscher des Mittelalters und des Ancien régime haben ihr stets eine grosse Bedeutung beigemessen. Schon deshalb, weil ein grosser Teil der Quellen, über die sie verfügen (Urkunden, Dekrete, Verträge, notarielle Akten, Zivil- und Strafprozesse usw.), zu dieser Kategorie gehören. Dann aber auch, weil die Fakten, auf die man stösst, nicht unabhängig von dem institutionellen Rahmen, in dem sie auftreten, zu verstehen sind. Das gilt grundsätzlich für alle Zeitalter, jüngste wie älteste. Nun fällt mir aber bei vielen Zeithistorikern ihr geringes Interesse und selbst eine gewisse Verachtung für die Geschichte der Rechtsnormen auf, die doch gerade in den Jahrzehnten nach dem Zweiten Weltkrieg eine sehr rasche Entwicklung durchgemacht haben (weitgehend als Folge eben dieses Kriegs und wegen der Lücken im Völkerrecht, die sich durch ihn gezeigt haben). Diese Forscher neigen unbewusst zu der Vorstellung, dass sich Normen, die uns heute vertraut sind – Asylrecht, Recht auf soziale Sicherheit usw. – auf die Verhältnisse der dreissiger und vierziger Jahre anwenden lassen; was oft zu Fehleinschätzungen und anachronistischen Urteilen führt.
Die Mentalitätsgeschichte ist jünger als die Geschichte der Institutionen, obschon sie Vorläufer hat, von Voltaire bis Michelet und zu den Verfassern von «Sittengeschichten», von Geschichten der Alltagswelt, auch von historischen Romanen wie «Ivanhoe» oder «Notre Dame de Paris». Ihren Adelsbrief hat aber die Mentalitätsgeschichte doch erst von den letzten Mediävisten-Generationen, vor allem in Frankreich, erhalten; die Erfinder der historischen Anthropologie, Demographie

und Familienkunde, der Mikrohistorie, haben sich ihnen angeschlossen. Hier geht es darum, über die Institutionengeschichte hinaus – die, verspätet und immer auf eine dominierende Minderheit bezogen, nur Teilaspekte erfasst – die tieferen und feineren Motivationen eines Kollektivs, einer Gruppe oder einer ganzen Gesellschaft, zu erfassen. Der Historiker, der sich mit alten Zeiten befasst, ist auch da im Vorteil. Er muss über soziale Vorgänge und Erscheinungen, über Gläubigkeiten, Ängste, Zwänge berichten, die heutigen Menschen zumeist abwegig scheinen, weil sie ein Verhältnis zur Realität ausdrücken, das dem unseren völlig fremd ist. Zum Beispiel die Hexenprozesse, die Hunderttausende von Opfern gefordert haben, mit allgemeiner Zustimmung und im Namen von Überzeugungen, die nach unserem Urteil absurd waren: Diese Psychose beherrscht Europa seit dem 14. Jahrhundert und wird erst im 17. angefochten, im 18. überwunden. Sie zeugt von einer Barbarei, die mit dem Holocaust, mit der Vernichtung der Juden durch das Hitlerregime, vergleichbar ist.

Der Historiker, der sich auf das 20. Jahrhundert konzentriert und dieses einmalige Drama erfassen will, befindet sich freilich in einer weniger einfachen Lage. Der Holocaust ist ungesehen, im Schatten des Kriegs, ins Werk gesetzt worden. Er wurde allgemein verurteilt, sobald die freie Welt von ihm Kenntnis erhielt, im Lauf des Sommers 1942. Er stand in völligem Widerspruch zu allen Normen der zeitgenössischen Zivilisation. Dass die Reaktion nicht heftiger war, lag daran, dass dieser Greuel, von dem erzählt wurde, der aber nicht gezeigt werden konnte, das Vorstellungsvermögen überstieg; er fand keinen Platz in den mentalen Strukturen der Beobachter. Andererseits haben nicht nur die Urheber dieses Verbrechens, sondern Tausende von zunächst wohl normalen, dann aber von einer perversen Logik mitgerissenen Individuen daran teilgenommen. Wir haben somit in noch ganz naher Vergangenheit völlig gegensätzliche Wertsysteme vor uns, die gleichzeitig und von denselben Personen angewandt wurden («Schindlers Liste», der Film von S. Spielberg, bringt diesen Widerspruch gut zum Ausdruck). Diese Systeme muss man rekonstruieren, nicht um sie zu entschuldigen, sondern um zu verstehen, was da geschehen ist. Ebensowenig dürfen wir die Hexenprozesse, die Pogrome des Mittelalters, die Vertreibung der Juden aus Westeuropa um 1500 und viele andere Tragödien entschuldigen; wir sollen sie nur zu einem mentalen Zustand in Beziehung setzen. Der Abstand, den der Mediävist zu seinem Thema notgedrungen hält, kann die Reflexion des Zeithistorikers wohl beeinflussen. Haben andererseits die Gegensätze, die der Zeithistoriker aufdeckt, nicht auch eine Bedeutung für den Erforscher früherer Zeiten?

Gefühl und Moral

Das führt uns in den Bereich der subjektiven Wahrnehmung des Vergangenen: in den Bereich der Empfindung und der Moral: zwei Elemente, die man nicht trennen kann. Für mich ist das jetzt die Erfahrung, die mir am meisten zusetzt. Ich hatte (fast) immer ein emotionales Verhältnis zu den Themen, die mich beschäftigten: Ein brennendes Interesse bestimmte mein Vorgehen; Neugier trieb mich, mehr zu erkennen und besser zu verstehen. Die ungelösten Fragen reizten mich. Die berühmten oder unscheinbaren Personen, denen ich in den Quellen oder bei meiner Lektüre begegnete, wurden mir sympathisch, manchmal auch verhasst und jedenfalls so vertraut, dass ich gleichsam mit ihnen leben konnte, selbst wenn mir natürlich ein grosser Teil ihrer Existenz, ihres Charakters, ihrer körperlichen Erscheinung verborgen blieb. Andererseits fiel es mir nicht ein, ihr Handeln im Namen einer Moral zu beurteilen, die nicht die ihre, sondern die mir anerzogene war. Hätte ich diese Versuchung verspürt, hätte ich ihr widerstanden, um nicht einen unstatthaften Anachronismus zu begehen. Ich bemeisterte meine Empfindung, wo eine Gebärde, ein Wort, ein Verhalten aus einem mir völlig fremden Wertsystem sie hätte aufzucken lassen.

Vermindert die zeitliche Distanz die Empfindung? So wie wir von einem Drama, das sich fern im Raum ereignet hat, weniger betroffen sind, als wenn es in unserer Lebenssphäre, vor unserer Tür spielt? Ich meine, das ist es nicht. Der Grad unserer Empfindung hängt weniger vom zeitlichen Abstand als von der Verantwortung ab, die wir uns selber zuschreiben. Um auf das Beispiel der Hexen zurückzukommen: Das Schicksal, das sie auf dem Scheiterhaufen erlitten, berührt uns: Sie waren Menschen wie wir, und wir können uns ihre Angst, ihr Leiden vorstellen; aber wir sind doch nicht tief erschüttert, weil wir uns für das, was ihnen geschehen ist, nicht verantwortlich fühlen. Ihre Welt und die ihrer Richter ist nicht die unsere.

Werden wir aber mit den Schrecken des Kriegs konfrontiert, mit dem Los von Opfern, die uns so nahe, so ähnlich sind; werden uns die Verbrechen oder auch nur die Fehlurteile, das Versagen, der Egoismus – aber auch die Tapferkeit, die Weitsicht und die Menschlichkeit – von Personen bekannt, die uns gleichfalls nahe und ähnlich sind, dann können wir ein Gefühl der Verantwortung nicht abweisen. Wir entgehen der Emotion nicht. Durch sie wird unser Vorgehen gerechtfertigt. Distanz halten ist die Regel des Mediävisten. Teilnehmen ist der Imperativ des Zeithistorikers – auch wenn er Gefahr läuft, zum «Revisionisten» zu werden. Der Widerspruch ist da. Ich habe ihn erfahren. Ich habe ihn nicht überwunden. Aber ich komme durch ihn dem Sinn unseres Historikerberufs näher.

Ich wünsche meinen Fachgenossen nicht, dass sie alle die gleiche Erfahrung machen wie die, welche mir unter allzu grossen politischen Spannungen und Druckverhältnissen zuteil geworden ist (zwar können solche Ausnahmezustände dann und wann auch faszinierend sein). Aber ich wünsche jedem Historiker eine Gelegenheit, sich auf eine Epoche einzulassen, die von der ursprünglich gewählten weit entfernt ist. Er wird nicht unberührt, nicht unbelastet aus ihr hervorgehen. Er wird sich jedoch überprüfen und erneuern können. Er wird einen anderen, also hilfreichen Blick, ein anderes Mass der Wirklichkeit mitbringen. Er wird dafür einen neuen Blick für das vertraute Gebiet seiner Forschung gewinnen. Er wird an die verlorene Tradition des Allgemeinhistorikers wieder anknüpfen. Er wird seine Rolle in der Gesellschaft seiner Zeit besser einschätzen lernen.

Aus dem Französischen von Hanno Helbling. Die Originalfassung des Essays ist erschienen in: «Italia et Germania. Liber Amicorum Arnold Esch». Niemeyer, Tübingen 2001.

ANHANG NR. 10

Wie sich Geschichtsbilder wandeln

Paul Stauffers Fragen, Jean-François Bergiers Entgegnung (Erschienen in der NZZ vom 18. Oktober 2001, aus NZZ-online)

Jean-François Bergier, der Präsident der Unabhängigen Expertenkommission Schweiz – Zweiter Weltkrieg (UEK), hat in der NZZ vom 8./9. September geschildert, wie er, der vorwiegend als Mediävist gearbeitet hat, die historiographische Beschäftigung mit der Zeitgeschichte erlebt. Zu diesem Artikel bringt der promovierte Historiker und a. Botschafter Paul Stauffer Einwände an, die wir mit einer Entgegnung Bergiers abdrucken.

Paul Stauffer:

Professor Jean-François Bergier präsentiert sich als Historiker, der unvermittelt mit einer Thematik konfrontiert worden sei, für die er sich zuvor «bloss punktuell und nebenher interessiert hatte». Aber es trifft schlicht nicht zu, dass erst der bundesrätliche Auftrag von 1996 dem Mediävisten zu näherer Bekanntschaft mit der Terra incognita Zeitgeschichte verholfen hätte. Niemand anders als Bergier war es nämlich, der im Rahmen der Quellenedition «Diplomatische Dokumente der Schweiz» (DDS) schon 1990/91 jenen gewichtigen Band 13 herausgab, der auf nahezu 1200 Seiten die bewegte Geschichte der

Jahre 1939 und 1940 in zeitgenössischen Aktenstücken dokumentiert. Für die Gründlichkeit seiner Beschäftigung mit der archivalischen Hinterlassenschaft der unmittelbaren Vorkriegs- und frühen Kriegszeit spricht Bergiers Angabe, er und sein Mitherausgeber hätten die 429 in dem Buch wiedergegebenen Dokumente aus einer Masse von 6000 gesichteten Aktenstücken ausgewählt.

Wenn Bergier in der Einleitung zu seinem Dokumentenband eine knappe Auswertung des von ihm editorisch erschlossenen Archivgutes vornimmt, hat man es daher mit einem aus Primärquellen neu erarbeiteten und bei aller Skizzenhaftigkeit sehr eindrücklichen Bild der schweizerischen Haltung inmitten der damaligen weltpolitischen Verwerfungen zu tun. Bestimmend für die Befindlichkeit von Bevölkerung und Behörden war zu jener Zeit gemäss Bergier das Gefühl der Bedrohtheit des Landes. Er geht aus von der Feststellung, dass der Schweiz die Schrecken des Krieges erspart geblieben sind: «Wir, die Menschen von heute, wissen dies. Doch die Menschen, die in diesen beiden Jahren (1939/40) in der Schweiz lebten, wussten es noch nicht. Sie hatten sogar allen Anlass, das Schlimmste zu befürchten.» Diese simple, aber essentielle Unterscheidung zwischen heutigem und damaligem Wissensstand bildet die Grundlage seiner Beurteilung schweizerischen Tuns und Lassens in jenen Jahren, die er unter die Signatur von «Angst und Verstörtheit» gestellt sieht.

Gegen die Gefahr unbeschwerten Moralisierens ex post und der Rückprojektion heutiger Bewertungskriterien auf die Vergangenheit ist der Bergier von 1990 damit gefeit. Die Sorge der Verantwortungsträger, so stellt er auf Grund der von ihm vorgelegten Zeitzeugnisse fest, galt primär dem «physischen Überleben der Schweiz». Einerseits war die Versorgung der Bevölkerung mit Nahrungsmitteln und jene der Industrie mit Rohstoffen und Energie sicherzustellen. Anderseits musste das Exportvolumen aufrechterhalten und womöglich sogar gesteigert werden – «um Devisen zu beschaffen, doch vor allem um ... die Arbeitsplätze von fast der Hälfte der aktiven Bevölkerung zu sichern». Dass zu den Ausfuhrgütern auch Waffen gehörten, wird ohne einen Anflug jener moralischen Entrüstung vermerkt, die sich der «politisch korrekte» Zeitgeschichtler in diesem Zusammenhang heute schuldig zu sein glaubt. Mit kühlem Realismus stellt Bergier vielmehr fest, gegenüber dem kriegführenden Ausland sei «die Rüstungsindustrie der Haupttrumpf der neutralen Schweiz» gewesen.

Der neutralen Schweiz: Bergier stellt die Aufrichtigkeit des schweizerischen Neutralitätswillens nicht in Frage. Auch im Zweiten Weltkrieg bleibt die Neutralität – so sein Befund von 1990 – «das Rückgrat der schweizerischen Aussenpolitik». Um ihre Wahrung ist man «nicht ohne Grösse» bemüht. Kohärenz und Festigkeit kennzeichnen den damaligen Neutralitätsdiskurs, der in Verteidigungsanstrengungen zu

Land und in der Luft seine Entsprechung findet. Neutralitätspolitik und militärische Massnahmen sind die «zwei Seiten ein und desselben Verteidigungswillens». Andere Themen, so das Flüchtlingsproblem, streift Bergier in seiner Übersicht nur beiläufig. Bemerkenswert, dass dem Wirtschaftshistoriker die Frage des «deutschen Goldes» 1990 schon nicht mehr brisant erscheint – eine bereits «entschärfte Bombe», die er nur kürzester Erwähnung würdigt.

Die vorstehenden Angaben dürften bei aller Knappheit erahnen lassen, weshalb Prof. Bergier es heute vorzieht, diskret darüber hinwegzugehen, dass seine Beschäftigung mit schweizerischer Zeitgeschichte vor mehr als zehn Jahren einsetzte und ihren Niederschlag in dem zitierten Werk gefunden hat. Die Tonart, die er damals anschlug, unterscheidet sich derart markant von dem Tenor der 1999 unter seiner Ägide veröffentlichten Berichte der UEK, dass man mit Blick auf die letzteren von einer Selbstdesavouierung des Historikers zu sprechen versucht ist. In einem Zeitungsinterview (LE TEMPS, 3. September 2001) führte Bergier kürzlich aus, sein Bild der Schweiz habe früher «eher dem Mythos eines Landes entsprochen, das sich im Allgemeinen korrekt verhalten hatte». Er sei ausgegangen «d'une image plutôt favorable de la Suisse, que j'ai dû corriger». Auf eine entsprechende Frage des Journalisten gibt er an, diese Korrektur so weit getrieben zu haben, bis er «auf Wirklichkeit» gestossen sei: «Ich akzeptiere das, was mir die Quellen klar vor Augen führen.» Auch in diesem Gespräch bleibt unerwähnt, dass Bergier 1990, eben auf Grund ausgedehnten Quellenstudiums und keineswegs in Fortschreibung tradierter «Mythen», zum durchaus positiven Bild einer Schweiz gelangt war, die – jedenfalls während des von ihm behandelten Zeitraumes – mehr als nur «im Allgemeinen korrekt» gehandelt hatte. Aber bei der Interpretation seiner Quellen liess er sich damals offenkundig vom Bestreben leiten, das Agieren der schweizerischen Verantwortungsträger von 1939/40 aus seinen zeit- und situationsbedingten Voraussetzungen heraus zu verstehen – mit anderen Worten: ihnen gegenüber Fairness walten zu lassen. Er ist in dieser Richtung sogar bemerkenswert weit gegangen, impliziert sein Lob für die schweizerische Neutralitätspolitik der Kriegszeit doch einen «Freispruch» von Aussenminister Pilet-Golaz.

Vielleicht kann Professor Bergier selbst uns eines Tages erklären, weshalb die unter seiner Leitung stehende Kommission – gestützt auf eine zugegebenermassen breitere, aber grundsätzlich gleichartige Quellenbasis – 1999 zu Befunden gelangte, die von den seinigen aus dem Jahre 1990 völlig abweichen. Bekanntlich gerieten die ersten UEK-Berichte zu eigentlichen Anklageschriften gegen die eidgenössischen Behörden der Kriegsjahre, die nicht nur ihre Neutralitätspflichten verletzt, sondern – «ob sie es beabsichtigten oder nicht» – sogar dazu beigetragen hätten, «dass das NS-Regime seine Ziele erreichen konnte». Man fragt sich, ob derartige Selbstbezichtigung auf eine gewisse Willfährigkeit gegenüber Druck von aussen zurückzuführen sein könnte – nicht ganz unähnlich jener Anpassungsbereitschaft, die Kommissionspräsident Bergier und seine Leute den Vertretern des schweizerischen Establishments der vierziger Jahre so freigebig attestieren und zum Vorwurf machen.

Jean-François Bergier:
Mit einem Schuss Ironie stellt Paul Stauffer zwei Historiker einander gegenüber, die das Verhalten der Schweiz während des Kriegs unterschiedlich interpretieren. Diese zwei Historiker sind ein und dieselbe Person, die sich allerdings in einem Abstand von zehn Jahren zum Thema geäussert hat: zum einen 1990 der Herausgeber von Band 13 der DDS, zum anderen der heutige Präsident der UEK. Stauffers Gegenüberstellung erfolgt in polemischer Absicht: Im Namen des Bergier von 1990 bestreitet er die Erkenntnisse des Bergier von 2001 und der von diesem präsidierten Kommission. Das ist eine zulässige und originelle Art, Erkenntnisse in Frage zu stellen, von denen Stauffer vermutet, sie seien das Ergebnis äusseren Drucks. Damit stellt er eine wichtige Frage an mein Gewissen und an dasjenige aller Schweizer Bürger: Wie kohärent ist das Bild, sind die Bilder, die wir uns von der Schweiz der Hitlerzeit machen? Hat sich dieses Bild im vergangenen Jahrzehnt vollständig gewandelt, und wenn ja, weshalb?
Hielte ich mich heute stur an das Bild, das ich 1990 grob, auf vier Seiten skizzierte, dann wäre das ein Zeichen intellektueller Lähmung, die dem Beruf des Historikers schlecht ansteht. Dies umso mehr, als ich damals mit den entsprechenden Fragestellungen nur punktuell in Berührung kam. Ich bereitete den DDS-Band mit André Jäggi und danach mit Marc Perrenoud vor, während ich meinen gewöhnlichen Verpflichtungen in Lehre und Forschung weiter nachkam; sie betrafen andere Themen und andere Zeiten. Gewiss hat mich die Prüfung und die Auswahl der Dokumente dem Stoff näher gebracht und mich insofern auf eine zukünftige Aufgabe vorbereitet, von der ich damals noch nicht träumen konnte. Allein, dieses Editionsprojekt beschränkte sich auf die Jahre 1939 und 1940 und ausschliesslich auf Dokumente der Diplomatie und der Bundesverwaltung. Sie gewährten mir nur einen beschränkten Einblick in die Realitäten der Zeit.
Seither sind neue Fragestellungen aufgetaucht. Das Ende des kalten Krieges hat unser Verständnis der NS-Epoche und auch der vorangehenden Ereignisse verändert. Die Öffnung zahlreicher Archive, die bis dahin unzugänglich geblieben waren, hat weitere Erkenntnisse ermöglicht. Darauf ist das Verhalten der Schweiz – auf die bekannte, aggressive Art – kritisch hinterfragt worden. Gerade um angesichts

solcher Vorwürfe wieder ins Reine zu kommen, wurde die UEK gegründet, gerade deswegen hat sie ihre Forschungen angestellt und das Privileg erhalten, nicht nur öffentliche, sondern auch Unternehmensarchive zu benutzen.

Es ist nichts als normal, dass diese Forschungsarbeit zur Revision von Gewissheiten führt, die wir vor zehn Jahren noch haben konnten. Das heisst nicht, dass diese völlig verworfen werden müssen. Aber das Bild wird genauer, reicher, nuancierter, in einem Wort: näher bei der Realität. Viele Fragen waren schon seit langem aufgeworfen worden: so das Raubgold, die Flüchtlinge, die Waffenexporte oder der Transit. Neue sind dazugekommen: das Verhalten der Banken, der Versicherungen und der Industriebetriebe, der Einsatz von Zwangsarbeitern und anderes mehr. In der UEK gehen wir sie völlig unbefangen an. Wir liefern keine vorfabrizierten und endgültigen Antworten, wohl aber die wesentlichen Elemente der Antwort. Wir schlagen Interpretationen vor, die den historischen Kontext berücksichtigen, aber zugleich uns Heutigen richtig erscheinen müssen. Diese Deutungen sollen kontrovers erörtert werden – wir sind uns bewusst, dass manche die Fakten, die wir erzählen, anders gewichten dürften und dass künftige Generationen sie noch einmal unter anderen Gesichtspunkten beurteilen werden – ebenso wie die jetzige Generation nicht mehr dieselbe Sichtweise wie frühere hat, ja diese gar nicht haben kann. Die Geschichte bleibt, wie der berühmte Historiker Lucien Febvre sagte, stets Tochter ihrer Zeit. Wer einem unveränderlichen und idealisierten Bild anhängt, konstruiert Mythen.

Was meine Interpretation von 1990 anbetrifft, so leugne ich sie nicht, auch wenn Stauffer diesen Eindruck hat. Mein Instinkt und mein damaliges Wissen wiesen mir den richtigen Weg. Ich bin ihm weiter gefolgt, habe dabei Neues entdeckt, mein Bild verfeinert und ergänzt und in gewichtigen Aspekten auch korrigiert. Mein Urteil über die Neutralitätspolitik, wie es die diplomatischen Dokumente mir vermittelt hatten, ist erschüttert worden: Diese Politik ist nicht mit derselben Strenge angewandt worden, wie ich geglaubt hatte. Die Handlungsspielräume des Staats und der Unternehmungen waren grösser, als ich vor kurzem noch dachte, doch sie wurden schlecht erkannt und zu wenig genutzt.Solche Perspektivenwechsel sind völlig normal. Manche Leute, wie Paul Stauffer, sind ihretwegen verstört. Ich kann das verstehen. Aber alles in allem ist der Wandel heilsam. Denn wir brauchen ein geklärtes Bild von der Vergangenheit, deren Erbe wir mit uns tragen, wenn wir die Zukunft bewältigen wollen. Und diese Zukunft ist in diesem Moment, da ich schreibe, unsicher genug.

ANHANG NR. 11

Petition der Interessengemeinschaft Schweiz – Zweiter Weltkrieg (IG) an den Bundesrat, 6. Juli 2000

Die in der Interessengemeinschaft Schweiz – Zweiter Weltkrieg zusammengeschlossenen Gruppierungen und Institutionen aller Landesteile unterbreiten dem Bundesrat im Namen ihrer Mitglieder die folgende Petition:

Der Bundesrat möge
- zu den Teilberichten und zum Schlussbericht der Unabhängigen Expertenkommission Schweiz – Zweiter Weltkrieg (UEK, sog. «Bergier-Kommission») aus der Sicht des der UEK vom Parlament erteilten Auftrages ausführlich und kritisch Stellung nehmen
- veranlassen, dass sämtliche Akten der UEK, insbesondere auch Protokolle sowie Forschungsarbeiten Dritter auf Grund der geltenden Archivierungsgesetzgebung ordnungsgemäss archiviert werden und für spätere Untersuchungen zugänglich bleiben.

1. Die angestrebte Vergangenheitsbewältigung setzt einen offenen, demokratischen Dialog voraus. Dies bedingt eine klare Stellungnahme des Bundesrates, die – aus politischer Sicht und im Gesamtzusammenhang – Vergangenheit, Gegenwart und Zukunft unseres Landes in ihre Beurteilung einbezieht. Nachdem die Historiker der auf unbefriedigende Weise zusammengesetzten UEK in ihren bisherigen Berichten trotz scheinbarer Akribie durch Weglassungen und Verdächtigungen ein einseitiges und verzerrtes Bild der Schweiz zur Zeit des Zweiten Weltkrieges gezeichnet und sich die Rolle des Anklägers und Richters angemasst haben, ist eine kritische Analyse ihrer Arbeit umso notwendiger. Es darf nicht sein, dass für alle Zeiten eine krass verfälschte Darstellung des Verhaltens der Schweiz während des Zweiten Weltkrieges in die Geschichtsschreibung eingeht und den Generationen nach uns im In- und Ausland ein verfälschtes Geschichtsbild vermittelt wird.

2. Es sei daran erinnert, dass 1947 der damalige Bundesrat zu Handen der Bundesversammlung den Bericht des Generals über den Aktivdienst 1939–1945 eingehend kommentiert und Bundesrat Eduard von Steiger sich 1955 ausführlich zu der Untersuchung von Prof. Dr. Carl Ludwig über «Die Flüchtlingspolitik der Schweiz von 1933 bis zur Gegenwart» geäussert hat. Dementsprechend erwarten wir von der obersten Landesbehörde nach der überstürzten Einset-

zung der UEK durch das Parlament eine sachliche und kompetente Beurteilung deren Untersuchungsergebnisse.

3. Nachdem die Glaubwürdigkeit der UEK immer mehr erschüttert wird, zeigen die Reaktionen auf bisher erschienene Berichte, dass die verunsicherte Öffentlichkeit und besonders die Aktivdienstgeneration energisch Anspruch auf eine tatsachengerechte Stellungnahme des Bundesrates erheben.

4. Dem Schweizervolk ist in den vergangenen Jahren eine Demütigung zugemutet worden, wie es sie in diesem Ausmass seit dem Einfall der Franzosen vor 200 Jahren nie mehr erleiden musste. Bundesrat und eidgenössische Räte sind deshalb gut beraten, alles zu unternehmen, was geeignet ist, Selbstbewusstsein und Selbstvertrauen des Schweizervolkes wiederherzustellen. Ein wesentlicher Beitrag dazu ist eine kritische Auseinandersetzung mit den Berichten der UEK.

Der Arbeitskreis Gelebte Geschichte (AGG), Bern, zusammen mit folgenden der IG auch angehörenden Vereinigungen:
Verein Gesellschaft und Kirche wohin?, Bern; Aargauische Vaterländische Vereinigung (AVV), Aarau; Aktion Aktivdienst, Stein am Rhein; Aktion Freiheit und Verantwortung, Zürich; Association Suisse – Info, Lausanne; Bern Aktuell, Bern; Identität Schweiz, Aarau; Identité Suisse, section romande, Le Landeron; Institut Libertas, Fribourg; Junge Vereinigung Zukunft Schweiz (JZS), Frauenfeld; Komitee selbstbewusste, freie Schweiz, Höri; L'Atout, Tavannes; Pro Militia, Bern; Schweizerische Vereinigung Pro Libertate, Bern; Sion Mob, Sion; Stiftung Pro Tell, Hochdorf; Verein Schweizerisches Armeemuseum (VSAM), Worblaufen; Vereinigung Medien Panoptikum, Burg.

ANHANG NR. 12

Erklärung des AGG am Werkstattgespräch der UEK vom 13. Juli 2000 in Bern

1. Der Arbeitskreis Gelebte Geschichte (AGG) setzt sich für eine gerechte und ausgewogene Darstellung des Geschichtsbildes der Schweiz im Zweiten Weltkrieg ein. Dabei müssen auch die Erfahrungen und das Wissen der Zeitzeugen berücksichtigt werden. Leider erlaubt uns die heutige kurze Stellungnahme nur auf die wichtigsten Punkte unserer Kritik hinzuweisen.

2. Es ist ungeheuerlich, wenn im Flüchtlingsbericht behauptet wird, die Schweiz habe dazu beigetragen, «ob sie es wollte oder nicht, dass das NS-Regime seine Ziele erreichen konnte» (S. 286).

3. Es ist höchst fragwürdig, wenn gesagt wird, «es gibt keine Hinweise darauf, dass die Öffnung der Grenzen einen Angriff der Achsenmächte provoziert oder unüberwindliche wirtschaftliche Schwierigkeiten verursacht hätte», ohne die Unberechenbarkeit Hitlers zu berücksichtigen und ohne zuvor die rechtlichen, wirtschaftlichen, militärischen und anderen Aspekte zu untersuchen. Wohl hätte man theoretisch noch eine Anzahl weiterer Flüchtlinge aufnehmen können, aber man darf die Wirkung einer vollen Öffnung der Grenzen nicht ausklammern. Einerseits wären unhaltbare Zustände aus versorgungstechnischen und andern Gründen die Folge eines ungehemmten Flüchtlingsstromes gewesen. Anderseits hätte es für die NS-Potentaten ein Vorwand sein können, die Schweiz anzugreifen, mit katastrophalen Konsequenzen, wie etwa die Deportation in Vernichtungslager nicht nur der geflüchteten, sondern auch der Schweizer Juden.

4. Wie ist es möglich, dass die Wissenschafter der UEK die Zustimmung des Israelitischen Gemeindebundes zur Flüchtlingspolitik des Bundesrates bis 1942 nicht berücksichtigt haben?

5. Wie kommt es, dass keine Vergleiche mit der Flüchtlingspraxis anderer Staaten, inbesondere der USA, angestellt und die beschämenden Ergebnisse der Konferenz von Evian 1938 nur am Rande erwähnt wurden?

6. Es ist unverantwortlich, den Antisemitismus auf Grund wenig überzeugender Belege als «mentale Grunddisposition der gesamten Gesellschaft» zu bezeichnen und die Schweizer Behörden der «moralischen Kapitulation vor dem rassistischen Antisemitismus des Nationalsozialismus» zu bezichtigen (S. 276).

7. Der Judenstempel wurde im Dritten Reich durch das sogenannte Namensgesetz mit dem Zwang zum Führen der zusätzlichen Vornamen Sarah und Israel vorweggenommen. Trotz der sorgfältigen Untersuchungen von Max Keller und dem Eingeständnis der Redaktion des «Beobachter», seinerzeit Opfer eines Irrtums geworden zu sein, wird im Flüchtlingsbericht behauptet, zu diesem Thema gebe es keine neuen Erkenntnisse.

8. Wie lässt es sich begründen, 50 Jahre zurückliegende Ereignisse aus heutiger Sicht zu beurteilen, auf Grund eines Wissensstandes, welchen die damaligen Entscheidungsträger nicht haben konnten?

9. Warum gab man sich nicht Rechenschaft, dass das Völkerrecht im Zusammenleben der Völker einen höheren Stellenwert hat als die zeitabhängige «moralische Betroffenheit», mit der offenbar ein neues Geschichtsbewusstsein geschaffen werden soll?

Vorerst bleibt abzuwarten, ob der Schlussbericht der UEK den von zahlreichen Kritikern geäusserten Beanstandungen Rechnung tragen wird. Der AGG und die kürzlich gegründete «Interessengemeinschaft Schweiz – Zweiter Weltkrieg» mit rund 20'000 Mitgliedern werden sich gemäss ihrer Petition an den Bundesrat dafür einsetzen, dass die Teilberichte und der Schlussbericht der UEK einer sachlich-kritischen Wertung unterzogen werden. Wir wollen es keinesfalls zulassen, dass die Geschichte der Schweiz zur Zeit des Zweiten Weltkrieges und das Image unseres Landes, mit dem die Generationen nach uns leben müssen, zum Zerrbild verkommen.
Die Schweiz ist und war, gesamthaft betrachtet, kein geldgieriges, herzloses, nazifreundliches und antisemitisches Land, wie dies in den bisher vorliegenden Berichten wiederholt unterstellt wird.

ANHANG NR. 13

Manifest des Vereins der Veteranen des Aktivdienstes 1939–1945, April 1997

Im Namen unserer Mitglieder, die Aktivdienst leisteten, und aller anderen Schweizer und Schweizerinnen, die sich von 1939–1945 im militärischen und zivilen Bereich für die Unabhängigkeit und Freiheit unseres Landes einsetzten, nimmt der Verein «Schweizer Armee-Veteranen» wie folgt zur Diskussion über die Gefährdung der Schweiz während des Zweiten Weltkrieges Stellung. Er gedenkt dabei auch derjenigen Mitbürger und Mitbürgerinnen, die damals in Ausübung ihrer militärischen Bürgerpflicht oder bei der landwirtschaftlichen Anbauschlacht verstarben oder eine lebenslängliche Invalidität davontrugen. Es ist nicht akzeptabel, wenn die Leistungen der Männer und Frauen, die einige der besten Jahre ihres Lebens für unsere Heimat einsetzten, von Leuten, die sich nie im nationalsozialistisch-faschistischen Würgegriff befanden, als nichtig hingestellt werden. Es geht nicht an, dass die Generation des Zweiten Weltkriegs im Sinne einer Kollektivschuld für angebliche Fehler von Behörden und Wirtschaft während der Kriegsjahre oder für seitherige Unterlassungen verantwortlich gemacht wird. Aus sicherer Deckung ist es für junge Historiker und ambitiöse Politiker leicht, Kritik zu üben. Die Aktivdienstgeneration war tagtäglich mit der Gefahr konfrontiert, die heute aktenkundig ist: der Tatsache, dass die deutsche Wehrmacht und die italienische Armee detaillierte Angriffspläne auf die Schweiz ausgearbeitet hatten, die jederzeit in die Tat umgesetzt werden konnten. Es ist abwegig zu behaupten, die entschlossene Verteidigungsbereitschaft unseres Volkes und seiner Milizarmee habe für die Rettung der Schweiz keine oder nur eine untergeordnete Rolle gespielt. Entscheidend waren keinesfalls nur die wirtschaftlichen Konzessionen, die unser Land eingehen musste, um die lebenswichtige Versorgung an Nahrungsmitteln, Heizmaterialien und industriellen Rohstoffen sicherzustellen. Möglicherweise kommt auch dem Umstand eine gewisse Bedeutung zu, dass beide Seiten, also nicht nur die Achsenmächte, sondern auch die Alliierten, die Schweiz als Drehscheibe für Geldgeschäfte und Spionagetätigkeiten benutzten. Es ist aber eigentümlich, dass unser Land, dessen Verhalten während der Kriegszeit zweifellos konsequenter war als das anderer neutraler Staaten in Europa, nun als Prügelknabe hinhalten soll.

Es ist belegbar, dass der von seinem Endsieg überzeugte potentielle Gegner wusste, mit welch schweren Verlusten er bei einem Angriff auf die Schweiz zu rechnen hatte. Er muss sich auch im klaren gewesen sein, dass er sowohl die für ihn wichtigen Nord-Süd-Verbindungen als auch unsere Industrieanlagen nur zerstört oder in stark beschädigtem Zustand unter seine Kontrolle bringen würde.
Wie entschlossen unsere Verteidigungsbereitschaft war, wurde der Deutschen Wehrmacht mit aller Deutlichkeit demonstriert als schweizerische Militärpiloten im Sommer 1940 trotz gegnerischer Übermacht und eigener Verluste deutsche Kampfflugzeuge bei Grenzverletzungen konsequent angriffen und etliche von ihnen abschossen. Man muss in Berlin auch gewusst haben, dass sich im gleichen Jahre ein schweizerischer Offiziersbund im Wissen um die zivile und militärische Abwehrbereitschaft verschwor, den Widerstand selbst dann fortzusetzen, wenn die politischen Behörden schwach werden sollten. Umso mehr ist es eine böswillige Unterstellung, wenn behauptet wird, unser Offizierskorps sei nazistisch unterwandert gewesen. Einzelne Sympathisanten wären unbesehen von Grad und Funktion bei Ausbruch eines Konflikts sofort eliminiert worden.
Falls das Dritte Reich das Verteidigungspotential der Schweiz nicht ernst genommen hätte, wäre ein Überfall deutscher Truppen durchaus möglich gewesen, ähnlich wie z.B. in Dänemark, das weitgehend

wehrlos war und über kein Alpenreduit verfügte. Ohne das Abwehr-dispositiv der Schweizer Armee und die Kampfbereitschaft unserer Truppen hätte Hitler die Chance, unsere Verbindungswege, Industrie-anlagen und Goldreserven ohne wesentliche Verluste seiner einmar-schierenden Verbände nahezu intakt und vollständig unter seine Kon-trolle zu bekommen, mit grosser Wahrscheinlichkeit genutzt. Er wäre dann auch in der Lage gewesen, Exponenten der schweizerischen Gegnerschaft des Nationalsozialismus zu liquidieren, Schweizer und Schweizerinnen als Arbeitssklaven zu deportieren oder junge Männer wie in andern besetzten Ländern zwangsrekrutiert in seinem Feldzug gegen die Sowjetunion einzusetzen. Militärinternierte, Deserteure und Flüchtlinge wären in die Gewalt der Nazi-Schergen geraten und unse-re Industriebetriebe, weil sie für Deutschland hätten produzieren müssen, wären Ziele der alliierten Bombenangriffe geworden.

Schliesslich ist noch festzuhalten, dass es die Generation des Zweiten Weltkriegs war, die nicht nur die Kriegsgreuel von unserem Land fernge-halten, sondern auch mitgeholfen hat, durch ihren Arbeitseinsatz nach dem Friedensschluss die Grundlagen unseres Wohlstandes zu schaffen und dem vom Krieg zerstörten Europa mannigfaltige Hilfe zu leisten.

Wir sind überzeugt, dass die Generation des Aktivdienstes Anerken-nung und Dank dafür verdient, in schwerer und gefahrvoller Zeit einen wesentlichen Beitrag zur Erhaltung von Freiheit und Unabhän-gigkeit der Heimat als Insel der Demokratie in einem Meer von Totali-tarismus und Gewaltherrschaft geleistet zu haben.

ANHANG NR. 14

Les raisons d'être reconnaissant à la Commission Bergier

Von Jean-Christian Lambelet[1]

Sans les deux premiers rapports de la Commission Bergier[2]
– la Banque Nationale n'aurait probablement pas confié à un tandem professionnel composé d'un économiste et d'un historien le mandat d'examiner les opérations de l'Institut d'émission pendant la der-nière guerre mondiale[3];

---

[1] Université de Lausanne, Ecole des HEC, Département d'économétrie et d'économie politique (DEEP) et Institut Créa.

[2] A savoir: (1) Commission indépendante d'experts Suisse-Seconde Guerre mondiale (CIE), *La Suisse et les transactions sur l'or pendant la Seconde Guerre mondiale*, Berne, 1998; (2) CIE, *La Suisse et les réfugiés à l'époque du national-socialisme*, Berne, 1999, avec quatre rapports annexes.

[3] V. Crettol et P. Halbeisen, *Les motivations monétaires des opérations sur or de la Banque nationale suisse pendant la Seconde Guerre mondiale*, BNS, Berne, 1999.

– les Archives d'État de Genève n'auraient peut-être pas entrepris le très long travail consistant à inventorier, à dépouiller et à analyser le fonds documentaire de l'arrondissement territorial genevois portant sur les réfugiés pendant le conflit[4]; ou à tout le moins, les résultats de ce travail n'auraient pas eu le retentissement qu'ils ont eu;
– le soussigné ne se serait certainement pas senti obligé de délaisser pendant plusieurs années ses autres recherches pour prendre sous la loupe les problématiques faisant l'objet desdits rapports[5].

Dans les trois cas, ces nouvelles recherches ont abouti à des conclusions diamétralement opposées à celles de la Commission Bergier. La critique des travaux de cette commission et la mise en lumière de leurs défauts rédhibitoires sont plus ou moins implicites dans les deux premiers cas, parfaitement explicites dans le troisième.

La liste ci-dessus n'est évidemment pas limitative: d'autres spécialistes et exégètes ont également été incités par les rapports Bergier à pousser plus loin leurs recherches ainsi que leur réflexion, à proposer de nouvelles interprétations ou à confirmer de plus anciennes, toutes opposées à celles de la Commission. Dans un ordre quelconque et sans prétendre être complet, on peut citer André Lasserre, Philippe Marguerat, Marc-André Charguéraud, Michel Fior, Henry Spira, Ken Newman, Heinz Albers-Schönberg, Antoine Fleury, Jean-Jacques Langendorf, Ruth Fivaz-Silbermann et d'autres encore – ce qui représente quand même beaucoup de monde et signifie en tout cas que les vues et interprétations proposées et propagées par la Commission Bergier sont très loin de faire l'unanimité, c'est le moins qu'on puisse dire. On remarquera qu'il s'agit principalement de Romands d'origine ou d'adoption: nouvelle manifestation du prétendu Röstigraben? Ou, comme certains n'ont pas hésité à l'insinuer, réaction de dépit, voire de jalousie, due au fait que, mis à part son président, la Commission Bergier ne compte que des membres alémaniques, d'origine ou d'adoption, ou des membres étrangers? A mon avis, pas nécessairement l'un ou l'autre, mais peut-être un effet du hasard ou, si l'on préfère, un accident, comme il s'en produit souvent lorsqu'on est en présence de petits groupes; c'est-à-dire, au sens statistique, de petits échantillons.

---

[4] Cf. P. Flückiger, G. Bagnoud, C. Santschi et al., *Les réfugiés civils et la frontière genevoise durant la Deuxième Guerre mondiale,* Archives d'État de Genève, 2000.
[5] Ces divers travaux, un peu trop nombreux pour qu'on puisse en donner la liste ici, se trouvent tous sur ma homepage: http://www.hec.unil.ch/jlambelet (aller sous «Documents»), à l'exception toutefois de mon dernier livre: *Le mobbing d'un petit pays – Onze thèses sur la Suisse pendant la Deuxième Guerre mondiale,* Lausanne, L'Âge d'Homme, 1999.

Cela n'empêche pas qu'on peut ou plutôt qu'on doit se poser la question de la composition de la Commission et des circonstances qui ont présidé à sa création. Si les dieux le veulent bien, j'ai l'intention d'entreprendre un jour une recherche ou plutôt une enquête à ce sujet. En attendant, on peut supputer qu'il s'est agi d'un processus de cooptation: presque tous les membres suisses de la Commission appartiennent en effet à la même école ou, en tout cas, à la même mouvance historique – à l'exception peut-être de son président, mais dont le moins qu'on puisse dire est qu'il s'est révélé peu directif. Il existe pourtant des historiens alémaniques qui n'appartiennent pas à cette école ou mouvance: pour ne citer qu'eux, on peut penser à K. Urner, R.U. Vogler, W. Hofer ou P. Widmer, mais eux et d'autres encore ont été écartés ou ignorés. Par ailleurs, et c'est plus curieux, on a aussi écarté ou ignoré des historiens romands qui, comme H.-U. Jost ou S. Guex, peuvent être considérés comme appartenant à ladite école ou mouvance. J'ajouterai enfin qu'il faut bien évoquer, dans ce contexte, la responsabilité du Conseil fédéral en général et de M. Cotti en particulier, lesquels ont donné leur bénédiction à cette composition unilatérale et donc déséquilibrée.

Quoi qu'il en soit, les travaux qui ont fait écho aux deux premiers rapports de la Commission Bergier ont débouchés sur de nouvelles connaissances et de nouvelles analyses qui non seulement s'opposent aux interprétations de la Commission, mais qui rectifient sur plusieurs points des travaux antérieurs à sa création (un exemple sera donné plus bas). En d'autres termes, c'est – ironiquement – grâce à la Commission que nous disposons aujourd'hui d'éléments nouveaux, qu'ils soient de fait ou d'analyse, qui débouchent sur une vision de la Suisse pendant la dernière guerre mondiale assez proche de celle qui a prévalu majoritairement dès la fin du conflit et pendant assez longtemps après cela, et qui bien sûr est aussi celle du groupe «Histoire vécue».

Pour des raisons de temps et d'espace disponibles, il ne m'est pas possible de développer en détail ce qui vient d'être énoncé et je vais devoir me contenter de quelques coups de projecteur sur les deux rapports Bergier, en commençant par le plus récent, c'est-à-dire le deuxième. La lectrice ou le lecteur qui souhaiterait en savoir plus est invité à consulter les sources indiquées en note.

2.1 La Commission Bergier et les réfugiés pendant la guerre

Le plus extraordinaire, pour ne pas dire le plus atterrant, dans le deuxième rapport Bergier est le nombre de contradictions souvent effarantes qu'on y relève entre, d'une part, des éléments de fait relevés par le rapport lui-même et, d'autre part, les interprétations qu'il propose. Un exemple suffira peut-être: le rapport déclare que l'un des deux «moments essentiels» de la politique suisse envers les réfugiés pendant la guerre a été la décision de fermer la frontière prise le 13 août 1942. Or, les chiffres cités par le rapport lui-même montrent que les mois qui ont suivi cette prétendue fermeture de la frontière ont en réalité connu un afflux massif de candidats à l'asile, dont l'écrasante majorité a été admise et a trouvé refuge dans le pays. La frontière n'a donc jamais été fermée et la décision du 13 août 1942 est restée largement lettre morte. Non seulement ce simple constat, qui saute aux yeux de quiconque a un peu le sens des chiffres, n'est pas expliqué, mais il n'est même pas relevé, ou seulement de manière périphérique et comme en passant, alors que cela aurait dû être un élément central de l'analyse. Cet exemple, qui est loin d'être unique, conduit quand même à s'interroger sur le professionnalisme des auteurs du rapport. A cet égard, il est clair que le but de toute l'entreprise était de condamner la politique suisse envers les réfugiés et que tout ce qui allait dans un autre sens a été ignoré, déformé ou minimisé. Il en va de même pour le deuxième «moment essentiel» de cette politique, à savoir l'affaire de la lettre J, laquelle fait l'objet d'un examen aussi tortueux que torturé.

Aujourd'hui, une image très différente de la politique suisse envers les réfugiés a pris forme et gagne de plus en plus de terrain. Son pilier central est la constatation que les taux d'admission des candidats à l'asile ont en réalité été extrêmement élevés: conduites de manière totalement indépendante, l'étude des Archives d'État genevoises et mes propres investigations ont en effet abouti à des conclusions identiques, à savoir que le taux d'admission moyen pour tous les réfugiés pendant toute la guerre a été de l'ordre de 86% – et de plus de 90% pour les réfugiés de confession israélite! Cela signifie en particulier que l'affirmation qu'on entend fréquemment (en dernier lieu dans une conférence donnée par l'Ambassadeur suisse à Washington) selon laquelle la Suisse a «refoulé ou refusé au moins 30'000 réfugiés» est tout simplement fausse, le chiffre correct se situant entre cinq et dix mille[6]. On peut aller plus loin et soutenir que, dans la mesure où il était exclu que la Suisse ouvre complètement ses frontières et admette automatiquement tout le monde (même H.-U. Jost l'a reconnu lors d'une discussion), la Suisse a peut-être fait, en réalité, le maximum de ce qu'il lui était possible de faire dans ce domaine et dans les circons-

---

[6] Cette affirmation repose sur des calculs et estimations de G. Koller (des Archives fédérales) dont je crois avoir démontré l'inexactitude.

tances de l'époque. Cela ne peut être prouvé, car il s'agit d'une question contre-factuelle, mais rien non plus ne permet de l'écarter.

Bref, à mon humble avis, le deuxième rapport de la Commission Bergier mérite d'être jeté dans les oubliettes où l'on relègue les travaux qui manquent à ce point aux exigences de l'objectivité et la rigueur scientifiques. Je sais bien qu'être aussi affirmatif n'est guère dans les mœurs feutrées qui prévalent dans le milieu académique suisse, alors qu'aux États-Unis, par exemple, on n'hésiterait pas à être parfaitement franc et clair, surtout lorsqu'il s'agit d'un sujet aussi important pour l'image que le pays se fait de lui-même et qu'il projette à l'étranger. Qu'on me pardonne, mais je juge l'attitude américaine beaucoup plus saine.

2.2 La Commission Bergier et la politique de la BNS

Dans son premier rapport, comme dans le deuxième, la Commission Bergier se concentre sur les jugements moraux. Indépendamment du fait qu'on peut penser que le rôle des historiens est de comprendre et d'expliquer, mais non de juger et de condamner, le problème est que les verdicts de la Commission sont, ici aussi, en contradiction avec des faits avérés. A cet égard, ce premier rapport souffre de sins of omission comme de sins of commission. Parmi les premiers, on peut mentionner les deux points suivants:
- L'importance du maintien de la convertibilité du franc pendant toute la guerre n'est ni soulignée ni même vraiment relevée. Si la BNS avait opté pour un système de contrôle des changes, et donc si le franc était devenu inconvertible, la monnaie nationale aurait été ravalée au rang d'une monnaie locale parmi beaucoup d'autres et elle aurait certainement perdu beaucoup de sa valeur sur le marché des changes. L'approvisionnement du pays en aurait été rendu beaucoup plus difficile encore et les conditions de vie de la population auraient été plus précaires encore qu'elles ne l'ont été (moins de 2000 calories par personne et par jour vers la fin du conflit).
- Il en va de même pour le blocage des réserves d'or suisses sur sol américain (environ la moitié du total) intervenu en juin 1941, sur décision du gouvernement des États-Unis. Cette action, prise alors que les USA n'étaient pas en guerre et qui constituait un acte des plus inamicaux envers un petit pays neutre, a grandement réduit la marge de manœuvre de la BNS. Pour maintenir la convertibilité du franc, l'Institut d'émission national ne pouvait plus acquérir d'or qu'auprès de la Reichsbank.

A nouveau, le premier rapport Bergier veut montrer avant tout que la BNS a «pactisé avec le diable», sans se soucier de déterminer si sa politique a été déterminée principalement par l'intérêt national. Aujourd'hui, il est clair que la BNS a, dans l'ensemble, bien servi le pays pendant la guerre. Quant à sa marge de manœuvre, elle peut être appréciée de manière différente. L'étude susmentionnée de Crettol-Halbeisen conclut que cette marge était très étroite pendant la première moitié de la guerre et que la BNS n'avait alors pas d'autre choix que d'acheter de l'or allemand. En revanche, à partir de 1943, la BNS aurait regagné une certaine liberté d'action qui lui aurait permis de réduire ses opérations avec la Reichsbank sans mettre en danger ses objectifs monétaires et économiques. En d'autres termes, elle aurait alors pu et dû puiser dans ses réserves d'or. A cela, je répondrai qu'il est facile de le dire aujourd'hui, alors que nous savons quand et comment la guerre s'est terminée, mais que c'était sans doute moins évident à l'époque. Après tout, la vie n'allait pas s'arrêter avec la défaite de l'Allemagne et l'après-guerre s'annonçait difficile, ce qui justifiait que la BNS veuille l'aborder avec un stock d'or suffisant. En outre, il y avait les exigences du droit de la neutralité, qui demandait que la Suisse traite les parties au conflit de manière au moins approximativement égale: refuser d'acheter l'or de la Reichsbank aurait été contraire à ce droit dans la mesure où la Suisse continuait d'acheter des quantités importantes de métal jaune aux Alliés, en échange de la fourniture de francs qui leur étaient de plus utiles.

Parmi les nombreux sins of commission du premier rapport Bergier, on se contentera de relever l'amalgame qui y est fait, et qu'on doit bien qualifier de malhonnête, entre les opérations or de la BNS elle-même et les transferts entre les dépôts d'or que les autres banques centrales détenaient à Berne. Dans ce dernier cas, la responsabilité juridique et morale de la BNS n'était engagée en rien et l'Institut d'émission national n'a joué, dans ces transferts, qu'un rôle subordonné de gardien, de manutentionnaire et de comptable. Dans le même ordre d'idées, le rapport conclut que la Suisse a été la principale «plaque tournante» pour les opérations or de la Reichsbank. En réalité, un tiers seulement de l'encaisse-or allemande, pour une valeur de quelque 300 millions de dollars, a pu être mobilisée grâce à des ventes à la Suisse ou en Suisse. Enfin, et de manière plus générale, le rapport exagère de manière vraiment grotesque l'importance pour l'effort de guerre allemand de l'économie suisse en général et des opérations or avec la BNS en particulier.

Il a été dit plus haut que les travaux et recherches qui ont fait écho aux deux rapports Bergier permettent de rectifier sur plusieurs points des travaux antérieurs à la création de la Commission. En voici un exemple. Ainsi, H.-U. Jost a écrit dans la Nouvelle Histoire de la Suisse et des Suisses (1983, 1986) que

La plupart des pays, y compris les neutres comme la Suède et le Portugal, refusaient d'accepter l'or allemand; il ne restait donc plus que la Suisse pour effectuer les transactions sur l'or et les devises (...) La Banque Nationale avait l'obligation d'écouler cet or sur le marché libre (...)[7]

Tout cela est simplement faux. On sait aujourd'hui de manière détaillée – et on pouvait savoir à l'époque, du moins en gros – que la Suède et le Portugal ont également acheté de l'or allemand, en quantités qui étaient loin d'être négligeables. Par ailleurs, l'obligation que la BNS aurait eue d'écouler l'or allemand sur le marché libre relève de la pure fiction. On s'étonnera toujours de la manière dont certains historiens traitent de questions économiques et monétaires complexes sans avoir de formation dans ce domaine.

En conclusion, les deux rapports Bergier ont eu au moins ceci de bon qu'ils ont suscité, en réaction, de nouveaux travaux et de nouvelles recherches qui ont commencé à remettre l'église au milieu du village, comme on dit. Cela compense un peu le mal qu'ils ont fait, en Suisse et à l'étranger. Bien entendu, ces nouveaux travaux et ces nouvelles recherches ne convaincront jamais les Kreis, Picard et autres Tanner – ils ont investi trop de capital intellectuel dans leurs interprétations tendancieuses pour jamais pouvoir se déjuger. Il reste donc à espérer que de nouvelles générations d'historiens et de spécialistes en viendront ou plutôt en reviendront à une vision plus informée et plus équilibrée des choses. Rendez-vous dans vingt ou trente ans.

ANHANG NR. 15

Pressecommuniqué des AGG vom 3. Dezember 1999

Die Schweiz im Zweiten Weltkrieg:
Flüchtlingsbericht der Bergier-Kommission

Am 10. Dezember 1999 veröffentlicht die Unabhängige Expertenkommission Schweiz – Zweiter Weltkrieg ihren Flüchtlingsbericht. Bei der Lektüre dieses Berichts sind, aufgrund bisheriger Erfahrungen mit dieser Kommission, die folgenden Aspekte im Auge zu behalten:

---

[7] Cf. p. 753 de l'édition française en un volume.

1. Schon nach der Publikation des «Goldberichts» der Bergier-Kommission hat sich die Frage gestellt, nach welchen Kriterien die Mitglieder der Kommission gewählt wurden und ob die Kommission in dieser Zusammensetzung Gewähr für ein objektives Urteil bietet. Vorliegende Informationen geben jedenfalls zu berechtigter Sorge Anlass.

Mehr Transparenz ist auch bezüglich der zahlreichen wissenschaftlichen Mitarbeiter der Kommission nötig, hat das Schweizervolk doch einen Anspruch darauf, zu erfahren, wer die Leute sind, die mit ihren Berichten das Image der Schweiz prägen, mit dem unser Land in den kommenden Jahrzehnten leben muss. Die für die Auswahl Verantwortlichen haben jedenfalls auch die Verantwortung für die Berichte der Kommission mitzutragen.

2. Zur zehnköpfigen Bergier-Kommission zählt – ein gravierender Mangel – mit einer einzigen Ausnahme kein schweizerischer Zeitzeuge, der seine Erfahrungen während der Kriegszeit hätte einbringen können. Zwar wurde eine Kontaktstelle für Zeitzeugen geschaffen, der jedoch mit ihrem Konzept der Freiwilligkeit und der selektiven Benützung etwas Zufälliges anhaftet. Zahlreiche gut informierte Zeitzeugen, die sich spontan gemeldet hatten, wurden nie befragt. Im übrigen herrscht der Eindruck vor, dass die Kommission den ausländischen Zeitzeugen, die Opfer der damaligen Verhältnisse waren, mehr Glauben schenkt als den schweizerischen Gewährsleuten.

3. Man hat sich bei der Lektüre des Berichts auch Rechenschaft zu geben, dass das Aktenmaterial, das der Kommission vorlag, lückenhaft und unvollständig ist! Vieles wurde zur Kriegszeit, im Interesse der Vertraulichkeit und Geheimhaltung, mündlich vereinbart. Protokolle wurden nachträglich korrigiert und «geschönt». Akten wurden, als ein deutscher Angriff befürchtet wurde, vernichtet.

4. Schliesslich ist unverständlich, dass den Mitgliedern der Kommission bei ihren privaten Publikationen und Erklärungen in den Medien völlig freie Hand gelassen wird. Bevor der Flüchtlingsbericht publiziert ist, wird mit den Ergebnissen der Forschungsarbeit der Kommission eigentliche politisch-psychologische «Öffentlichkeitsarbeit» betrieben, wobei von Kommissionsmitgliedern systematisch Zeitzeugen und Kritiker der Bergier-Kommission diskreditiert werden.

ANHANG NR. 16

Handwerk und Gesinnung: unerfüllte Erwartungen
(Fortsetzung des Artikels von Paul Stauffer S. 94–96)

Anmerkungen zum Flüchtlingsbericht der Kommission Bergier

Kein J-Stempel ohne die Schweiz?

Bezüglich der im Oktober 1938 beschlossenen Kennzeichnung der Pässe deutscher Juden heisst es im zusammenfassenden Schlusskapitel (S. 285) z.b.: «Die Einführung des ‹J›-Stempels ... erschwerte den im Reich lebenden Juden die Emigration. Ohne schweizerisches Drängen wären die Pässe später, vielleicht auch gar nicht gekennzeichnet worden.» Besteht in dieser bedeutsamen Frage tatsächlich so grosse Ungewissheit, wie hier suggeriert wird? Keineswegs, denn in der dem Bericht als Anhang beigegebenen chronologischen Übersicht findet sich die Angabe, dass eine von den Reichsbehörden bereits am 17. August 1938 erlassene Verordnung sämtlichen Jüdinnen und Juden die (zusätzlichen) Vornamen «Sarah» beziehungsweise «Israel» aufzwang. Diese Namen mussten, so ist beizufügen, ab 1. Januar 1939 geführt werden und wurden selbstverständlich gerade in amtliche Dokumente wie insbesondere Reisepässe eingetragen. Dass diese Massnahme ohne jedes Zutun schweizerischerseits getroffen wurde, bedarf kaum besonderer Erwähnung.

Geheimhaltung der «Endlösung» – Was war wem bekannt?

Im Schlusskapitel des Flüchtlingsberichtes wird auf Seite 277 erklärt: «Ausdruck der Diskrepanz zwischen Wissen und Handeln, der Gleichzeitigkeit von hohem Informationsstand und politischer Passivität ist das folgende Beispiel: Gerhart Riegner, der Vertreter des Jüdischen Weltkongresses (WJC) in Genf, informierte die Alliierten von der Schweiz aus über die nationalsozialistische Vernichtungspolitik. In der Bundeshauptstadt Bern wie auch am Sitz des IKRK in Genf wurden die Pläne, den Massenmord öffentlich anzuprangern, dagegen ad acta gelegt.» Hier wird also unterstellt, das Genfer Büro des WJC, die Bundesbehörden in Bern und das IKRK seien – nur weil ihnen der Standort Schweiz gemeinsam war – über die vom NS-Regime unter strikter Geheimhaltung in Gang gesetzte «Endlösung der Judenfrage» gleichermassen frühzeitig und gründlich unterrichtet gewesen. Übersehen wird dabei, dass die Vorgehensweise des (indirekten) Informanten Gerhart Riegners, eines deutschen Industriellen und Regimegegners namens Eduard Schulte, wie auch seiner jüdischen Ansprechpartner in der Schweiz darauf angelegt war, die Nachricht von der beabsichtigten planmässigen Massentötung der europäischen Juden auf direktestem und diskretestem Weg an die Westalliierten gelangen zu lassen. Eine Information schweizerischer Stellen musste schon deshalb unterbleiben, weil zu befürchten war, dass ein Publikwerden des Judenvernichtungsplanes in der von Gestapo-Agenten infiltrierten Schweiz den Verdacht auf Schulte, der öfters zwischen Breslau und Zürich hin- und herreiste, als Überbringer der brisanten Botschaft gelenkt hätte.

Zwar hatte man in Bern schon um die Jahreswende 1941/1942 aus verschiedenen Quellen vom Wüten der SS-«Einsatzgruppen» gegen die einheimische jüdische Bevölkerung des deutschbesetzten Osteuropa erfahren. Aber zu den Empfängern früher Informationen über den industriellen Massenmord an den im Zeichen der «Endlösung» aus Westeuropa deportierten Juden gehörten die Bundesbehörden nicht. Ein im Bergier-Bericht (S. 253) wiedergegebenes Briefzitat vom 2. September 1942 belegt, dass Pierre Bonna, ranghöchster Beamter im Berner Aussenministerium (EPD), zu jenem Zeitpunkt der Meinung war, mit den Deportationen verfolgten die Deutschen lediglich den Zweck, sich Arbeitskräfte zu beschaffen. Entgegen der Angabe des Berichtes (S. 92) waren die «Informationen über die systematische Vernichtung» im August 1942 nicht nur «noch nicht allgemein verbreitet» – sie waren erst ganz wenigen Eingeweihten mit Gewissheit bekannt. Wie der Wortlaut von Gerhart Riegners berühmt gewordenem Telegramm an die New Yorker WJC-Zentrale (8.8.1942) beweist, wurden sie, weil noch unbestätigt, selbst von ihm nur unter Vorbehalt weitergeleitet. Wegen ihrer Ungeheuerlichkeit stiessen sie in den zuständigen Regierungskreisen sowohl Washingtons als auch Londons zunächst auf Unglauben.

Vorsichtiges Verhalten Berns
Was die Schweiz anbelangt, so war allen Beteiligten damals ohne weiteres klar, dass eine öffentliche Anprangerung nationalsozialistischer Untaten für die Behörden des neutralen, von den Achsenmächten rings umschlossenen Kleinstaates vernünftigerweise nicht in Betracht kam. «War es nicht nur natürlich, dass die schweizerische Regierung sich dafür entschieden hatte, sich möglichst unauffällig zu verhalten, dass sie versuchte, ihren mächtigen Nachbarn nicht zu provozieren?» Diese von Verständnis für die bedrängte Lage der damaligen Schweiz zeugende Feststellung findet sich wohlverstanden nicht im Bergier-Bericht, sondern in einem 1986 erschienenen Werk der beiden prominenten jüdischen Holocaust-Forscher Walter Laqueur und Richard Breitman (DER MANN, DER DAS SCHWEIGEN BRACH, S. 114). Angesichts des Kräfteverhältnisses zwischen der Schweiz und dem – im

Herbst 1942 wie auch später noch – als durchaus bedrohlich empfundenen Dritten Reich wäre die bei Bergier implizit postulierte «Anklageerhebung» einem verantwortungslosen Spiel mit der Sicherheit des eigenen Landes und seiner Bevölkerung gleichgekommen. Entgegen der Angabe im Bergier-Bericht wurde ein entsprechender Plan in Bern denn auch nie erwogen und brauchte somit auch nicht ad acta gelegt zu werden. Den damaligen Bundesbehörden in diesem Zusammenhang «politische Passivität» vorzuwerfen, zeugt von einem erstaunlichen Mangel an Wirklichkeitssinn und Einfühlungsvermögen in die Zeitumstände.

C. J. Burckhardts verschlossenes Wissen

Auch beim IKRK, das im Flüchtlingsbericht ja in gleicher Weise wie die staatlichen Instanzen kritisiert wird, kann von einem generell hohen Informationsstand in Sachen «Endlösung» zum fraglichen Zeitpunkt nicht die Rede sein. Allgemein wusste man am Genfer Rotkreuzsitz seit dem Sommer 1942 von den Deportationen westeuropäischer – insbesondere französischer – Juden «nach dem Osten», war sich über das weitere Schicksal der Deportierten jedoch im unklaren. Der für die Aussenbeziehungen des Internationalen Komitees Hauptverantwortliche, Carl J. Burckhardt, besass zwar keineswegs, wie im Bericht (S. 249) behauptet, «präzise Informationen über die Vernichtung der Juden». Zwei deutsche Gewährsleute hatten ihm jedoch insgeheim von einem Befehl Hitlers berichtet, das Reichsgebiet (oder sogar den deutschen Machtbereich in Europa insgesamt) bis Ende 1942 «judenfrei» zu machen. Burckhardt gab dieses Wissen indes nicht an die übrigen IKRK-Mitglieder weiter, wohl aber an seinen akademischen Kollegen, Prof. Paul Guggenheim, der wiederum mit Gerhart Riegner in enger Verbindung stand. Wenn der Bergier-Bericht an der zitierten Stelle ausführt, das IKRK seinerseits habe den Plan einer öffentlichen Anprangerung des Massenmordes an den Juden fallengelassen, so erweist sich auch diese Behauptung im Licht der wohldokumentierten rotkreuzgeschichtlichen Fakten als haltlos. Ebensowenig wie in Bern hat ein solcher Plan in Genf je existiert. Im übrigen bestätigt sich die mangelnde Kohärenz des Berichtes ein weiteres Mal darin, dass er eine Art Dementi der eigenen Fehlangabe auch in diesem Fall wieder mitliefert: In einem der vorangehenden Kapitel (S. 252) heisst es nämlich, einigermassen zutreffend, ein unveröffentlicht gebliebener Appellentwurf des IKRK habe vorgesehen, die Deportationen «zwischen den Zeilen» zu verurteilen.

Paul Stauffer

ANHANG NR. 17

Zahlen der jüdischen Flüchtlinge 1933–1945

a) In der Schweiz überlebende Juden

1. In der Schweiz überlebende Juden *(Ludwig-Bericht S. 60)*
   - mit Bürgerrecht — 10'297
   - mit Niederlassungsbewilligung — 9'150
2. nach 1933 in die Schweiz aufgenommene Juden
   (Vorwort Eizenstat im 1. Report)
   - während des Krieges in der Schweiz verblieben — 30'000
   - in andere Länder weitergereist — 20'000

b) Im Ausland von schweiz. Diplomaten gerettete Juden

(E. Saul in «Visas for life») — 153'000

Total über 220'000*

c) An der Schweizer Grenze zurückgewiesene jüdische Flüchtlinge

Hochrechnung aufgrund der bisher verlässlichsten
Genfer Untersuchungen — unter 5'000

Kommentar: Ohne den Widerstandswillen und die Neutralitätspolitik der Schweiz hätten wenige dieser über 220'000 Juden den Krieg überlebt. Wenn die Bergier-Kommission ihren Flüchtlingsbericht mit der Anklage auf S. 286 abschliesst, die Schweiz habe dazu beigetragen, dass das NS-Regime sein Ziel (der Judenvernichtung) erreichen konnte, so ist diese Behauptung dahingehend zu relativieren, dass die Schweiz in noch weit höherem Masse dazu beitrug, dass dieses Ziel nicht erreicht werden konnte.

- Internierte, entwichene Kriegsgefangene etc. — 103'869
- Zivilflüchtlinge — 55'018
- Emigranten — 9'909

---

* Nicht mitgezählt sind die ohne Meldung bei den Behörden in der Schweiz überlebenden Juden; die Schweizer mit jüdischen Vorfahren (bis zu den Grosseltern), die sich nicht mehr zum Judentum bekannten, von den Deutschen aber wie Juden verfolgt wurden; die am Ende des Krieges von IKRK-Delegierten geretteten jüdischen KZ-Insassen. Zahlen zu den in die Schweiz aufgenommenen Flüchtlingen 1939–1945 nach den Angaben im Ludwig-Bericht S. 318.

– Politische Flüchtlinge	251
– Grenzflüchtlinge (meist nur für kürzere Zeit)	66'549
– ausländische Kinder (für mehrmonatige Aufenthalte)	59'785

Kommentar Bericht Ludwig: Die Schweiz beherbergte während des Krieges für kürzere oder längere Zeit insgesamt 295'381 schutzsuchende Ausländer, nicht gerechnet die zu gewissen Zeiten zahlreichen, bei der Polizei nicht gemeldeten Flüchtlinge.

ANHANG NR. 18

Schreiben des AGG vom 23. September 1999 an den Chairman des Foreign Relations Committee des US-Senats, Senator Jesse Helms. Protest gegen Verleumdungen des amerikanischen Historikers Alan Schom

Senator, Dear Sir

We take the liberty of approaching you in a matter that is of great importance to us, since it touches on one of the basic rights, namely the freedom of expressing ones opinion.

For us, a group of concerned Swiss citizens, our problem started in 1998 on occasion of the publication in the Los Angeles Times of an interview with a «historian» named Schom, who has published for the Simon Wiesenthal Center in LA a book on Switzerland and its relations to Hitler's Germany before and during the war. The statements made by Schom can only be called outrageous. He claims that the Swiss government, the Swiss newspapers, and the Swiss population were pro-Nazi: «For the Swiss, the German defeat came as a terrible shock»! The Swiss airforce has shot down 11 German planes, our newspapers were threatened several times by the Germans for publishing anti-Nazi reports, and the Swiss population hated Hitler and his gang. Accordingly, we asked (in 1998) the L.A. TIMES to be given the opportunity to publish an answer to the completely distorted view as expressed by Schom. No answer was received. In 1999 we repeated our request – again no answer. The L.A. TIMES is owned, among another 30 newspapers, by the NEW YORK TIMES. It turns out to be hopeless to publish in either one of these newspapers an opinion that deviates from the one of the editors of this vast press empire.

Up to now we lived under the impression that the freedom of expressing one's opinion is one of the backbones of democracy, of which the

U.S. are particularly proud. Accordingly we are disgusted to learn that the realization of this constitutional freedom appears to be more than difficult.

We are addressing this letter to you because the U.S. Ambassador in Bern remained inert to our problem. We certainly would appreciate if you would be kind enough to tell us your view on this important problem.

Sincerely yours

ANHANG NR. 19

Schreiben des AGG an die LOS ANGELES TIMES in bezug auf das Interview mit dem Historiker Alan Schom, vom 28. Oktober 1998

To the Editors of the LOS ANGELES TIMES
To whom it may concern

We have taken note of your article in which Ann Brenoff has interviewed the «historian» Schom and would like to make the following remarks:

A) Pertaining to the introduction:
Although a long list of «mounting economic sanctions» against Swiss banks is given, it is avoided to call these actions what they are, namely a clearcut case of blackmail, supported by the US government – a unique occurrence in international relationships. Note that all these actions directed against Swiss banks and the Swiss nation as a whole were already based on a bag of lies such as produced by the World Jewish Congress. It also should be noted that it is **on the invitation of the Swiss government** that Mr. Volcker's Committee investigates the transactions of the Swiss banks with Germany during World War II. In view of all this, Schom's book is just a sickening collection of lies and an expression of hatred that without any doubt will be made useless by research done in the proper sense of the word.

B) The answers given by Schom:
«**The Swiss population – a flock of sheep**». It is obvious that «historian» Schom has not the slightest idea of direct democracy as practiced in Switzerland, in which the population exerts a much more important influence on the government than e.g. in the US. Schom is now 61 years old and during the years of World War II he was a baby.

194

He therefore has not experienced the reaction of a population to the threat of a war that may affect the existence of a country. This certainly was the case for Switzerland that was completely surrounded by hostile armies that several times contemplated an invasion.

The statement by Schom **that the Swiss government was pro-Nazi and that Swiss newspapers published almost exclusively pro-Nazi-articles** is such an absurdity that it can only be termed slander. The Swiss airforce shot down several German planes; the Nazis threatened the Swiss newspapers with severe consequences when they continued to publish **anti-**Nazi articles (which they did). The most unbelievable statement is that we «denounced Churchill». Pseudo-historian Schom obviously has never heard of Churchill's address, delivered in 1946 in Zürich in which he expressed his admiration that Switzerland, although surrounded by Mussolini's and Hitler's armies remained a free democracy and never failed to express its sympathy for the allied cause. Allow us to define Schom's statement as a perfid lie. He also claims that we supported Hitler since 1920. In 1920 Hitler was a nobody and when he came to power **the Swiss population hated him**. Therefore also the statement the «Swiss people certainly associated themselves with the Germans before the war» is nothing than a dirty calumny.

Most people, obviously except Schom, know that tourism and hotels are one of the major assets of Swiss economy. Therefore a statement such as «the Swiss were against all foreigners» is sheer stupidity. During the war, the Swiss government has been acting as an intermediary for diplomatic relations among the conflict parties, including the US – all of them «foreigners»!

Never before we have heard anything like «Leaders of the Swiss society attended German universities – 90% of them did». This is just utterly ridiculous. French-speaking people will **never** go to an German University – and quite a number of our «leaders», including the Commander-in-Chief of the Swiss army during the war came from the French-speaking part of the country. Even for the German-speaking «leaders» the 90% are ridiculous and Schom of course has no idea that Swiss students and professors that attended German universities came back to Switzerland after Hitler's regime began to show its real face. It may be of interest to Schom, if he has any interest in the truth (which is more than doubtful) that before the war, **jewish medical students were not allowed to enter the medical schools of universities such as, among others, Harvard**. They came to Switzerland. Before the war, the university of Bern alone had more than a dozen American Jews studying medicine – so much about anti-semitism!!

Schom states that his collection of lies is meant for the government and not for the population, this after having stated that the whole Swiss population was pro-Nazi. He also makes reference to documents pertaining to a «secret meeting» in which «justice minister» von Steiger stated categorically that the Swiss policy was «to discriminate against jews, to keep Jews out». Schom as a «historian» doesn't know that small Switzerland has taken up 30'000 jewish refugees at a time when the mighty USA sent back to Germany the ship «St. Louis» with 900 jewish refugees aboard, this in line with the policy of the US as expressed on occasion of the international Evian refugee conference in 1938. Note that Switzerland with its 4.5 million inhabitants accepted almost 300'000 refugees; on a per capita basis the US should have taken up several millions – however, they accepted slightly more than 22'000 Jews! Of course, historian Schom knows nothing about all this. He ends his interview with the usual story about the Swiss banks and their role as Hitler's bankers etc. **Of course he never mentions that the US in 1941 blocked – against all international laws – 6 billions of Swiss money** that had been transferred to the US in view of Hitler's well known robberies. **This forced our banks to deal with Germany!** Schom also totally disregards that our banks have published already last year a complete list of all accounts with missing owners and have created a fund that can react now to justified requests from those that need support. Nothing comparable is known from banks in the US. Jews are considered to be clever people. A clever German Jew in pre-war Europe did not deposit his money in small Switzerland, an immediate neighbor of Hitler's Germany, but rather in big and distant America. May we suggest that Schom looks into this situation before continuing with his insults against Swiss banks.

In summary: All the statements produced by Schom in the course of this interview not only are lies but also insults against a country that survived World War II due to the resistance of its population against fascism and because of an army that was prepared to fight the Germans or Italians whenever they should attack. When Schom declares that the majority of the Swiss population was national-socialist, is this an inexcusable insult for which he should be brought before a court.

We are more than astonished that the LOS ANGELES TIMES, up to now regarded as a reliable and serious newspaper, has published such a perfid nonsense. We think that it is the duty of a serious paper to publish also the answer of those that have been attacked and are looking forward to seeing our answer appear in print.

Sincerely yours

14. Literaturverzeichnis

Anthoine Roger, Aviateurs – Piétons vers la Suisse. Editions SECAVIA, Genève 1997.

Auer Felix, Das Schlachtfeld von Thun. Dichtung und Wahrheit bei Jean Ziegler. Stäfa 1997.

Bendersky J., The Jewish Threat, Antisemitic Politics of the US-Army. New York 2000.

Bieri Jean, «...der werfe den ersten Stein». Demnächst im Novalis Verlag, Schaffhausen 2002.

Bolzani Antonio, Oltre la rete. Bellinzona 1946.

Bonjour Edgar, La neutralité suisse, synthèse de son histoire. Neuchâtel 1970.

Bonjour Edgar, Erinnerungen. Basel – Frankfurt 1983.

Bonjour Edgar, Geschichte der Schweizerischen Neutralität. Bd. I–IV. Basel 1967–1976.

Böschenstein Hermann, Vor unsern Augen. Aufzeichnungen über das Jahrzehnt 1935–1945. Bern 1978.

Braillard Philippe, Tragédie et mascarade. Autopsie de la crise des fonds juifs et de l'or nazi. Genève 1999.

Braillard Philippe, Die Schweiz im Fadenkreuz. Jüdische Vermögen und «Nazi-Gold» – Eine Autopsie. Zürich 1999.

Broggini Renata, Terra d'Asilo, I rifugiati italiani in Svizzera 1943–1945. Bologna 1993.

Broggini Renata, La frontiera della speranza, Gli Ebrei dall'Italia verso la Svizzera 1943–1945. Milano 1998.

Brzezinski Zbigniew, Die einzige Weltmacht. Beltz Quadriga Verlag 1997.

Bucher Erwin, Zwischen Bundesrat und General. Schweizer Politik und Armee im Zweiten Weltkrieg. Zürich 1991.

Cattani Alfred, Die schweizerische Flüchtlingspolitik 1933–1945. Schriftenreihe Pro Libertate Nr. 12, 1998.

Charguéraud Marc-André, La Suisse présumée coupable. Lausanne 2001.

Chevallaz Georges-André, Le Défi de la Neutralité. Diplomatie et défense de la Suisse 1939–1945. Lausanne 1995.

Churchill Winston, Der Zweite Weltkrieg, Memoiren, 6 Bände. Bern 1948–1945.

Codevilla Angelo M., Eidgenossenschaft in Bedrängnis. Die Schweiz im Zweiten Weltkrieg und die Aufarbeitung der Geschichte. Schaffhausen 2001.

Eizenstat-I-Bericht: «Preliminary Study». Switzerland's role in World War II. Washington 1998.

Eizenstat-II-Bericht: «Supplement to Preliminary Study». Washington 1998.

Favez Jean-Claude, Une mission impossible. Le CICR, les déportations et les camps de concentration nazis. Lausanne 1988.

Finkelstein Norman G., Die Holocaust-Industrie. München 2001.

Fischer Elmar, Bergier-Flüchtlingsbericht. Kritische Anmerkungen zu den Ausführungen zu finanziellen Aspekten der schweizerischen Flüchtlingspolitik. Manuskript, 2000. Zentralbibliothek Zürich.

Fivaz-Silbermann Ruth, Le Refoulement de Refugiés Civils Juifs à la Frontière Franco-Genevoise. Paris 2000.

Flückiger Pierre et Bagnoud G. (ed., sous la direction de Catherine Santschi, archiviste de l'Etat), Les Réfugiés civils et la frontière genevoise durant la Deuxième Guerre mondiale. Genève 2000.

Forster Gilles, Transit ferroviaire à travers la Suisse 1929–1945. Veröffentlichungen der UEK, Bd. 4. Zürich 2001.

Fricker Yves, Helvetia au miroir. Regard des autres et image de soi. Genève 1996.

Fricker Yves et al., La Suisse face à l'Empire américain. L'or, le Reich et l'argent des victimes. Genève 1997.

Gautschi Willi, General Henri Guisan. Zürich 1989.

Gautschi Willi, Helvetische Streiflichter. Zürich 1994.

Halbheer Hans J., To our American Friends: Switzerland in the Second World War. American-Swiss Foundation, Occasional Papers 1998.

Halbrook Stephen P., Die Schweiz im Visier. Die bewaffnete Neutralität der Schweiz im Zweiten Weltkrieg. Schaffhausen 1999.

Häsler Alfred A., Das Boot ist voll. Zürich 1967.

Hofer Walther, Reginbogin Herbert R., Hitler, der Westen und die Schweiz. Zürich 2001.

Independent Committee of Eminent Persons (ICEP) (Volcker-Bericht), Report on Dormant Accounts of Victims of Nazi Persecution in Swiss Banks. Bern 1999.

Itin Treumund E., Die Schweiz im 2. Weltkrieg. Vereinigung Medien Panoptikum. Burg 1998.

Jung Joseph (Hrsg.), Zwischen Bundeshaus und Paradeplatz. Die Banken der Credit Suisse Group im Zweiten Weltkrieg. Zürich 2001.

Keller Max, Das Ende der J-Stempel-Saga. Fallbeispiel von Geschichtsprägung durch Medienmacht. Schriftenreihe Pro Libertate. Nr. 11, 1999.

Koller Guido, Entscheidungen über Leben und Tod. Die behördliche Praxis in der schweizerischen Flüchtlingspolitik während des Zweiten Weltkrieges. In: Die Schweiz und die Flüchtlinge 1933–1945. Zeitschrift des Schweiz. Bundesarchivs/Studien und Quellen. Bern 1996.

Ladame Paul A., Defending Switzerland. New York 1999.

Lambelet Jean-Christian, Le mobbing d'un petit pays. Lausanne 1999.

Lambelet Jean-Christian, Evaluation critique du Rapport Bergier sur «La Suisse et les réfugiés à l'époque du national-socialisme» et nouvelle analyse de la question. DEEP/HEC, Université de Lausanne 2000. (http://www.hec.unil.ch/jlambelet/)

Langendorf Jean-Jacques, La Suisse dans les tempêtes du XXe siècle. Lausanne 2001.

Laqueur Walter und Breitman Richard, Der Mann, der das Schweigen brach. Frankfurt 1986.

Lasserre André, La Suisse des années sombres: courants d'opinions pendant la Seconde Guerre mondiale. Lausanne 1989.

Lasserre André, Frontières et camps: le refuge en Suisse de 1933 à 1945. Lausanne 1995.

Lindt August R., Die Schweiz, das kleine Stachelschwein. Bern 1992.

Ludwig Carl, Die Flüchtlingspolitik der Schweiz in den Jahren 1933 bis 1955. Bericht an den Bundesrat zuhanden der Eidgenössischen Räte («Ludwig-Bericht»). Bern 1957.

Marguerat Philippe, La Suisse face au IIIe Reich. Réduit national et dissuasion économique, 1940–1945. Lausanne 1991.

Melchior Andreas (Hrsg.), Eingekreist – Bündnerinnen und Bündner erinnern sich der Dreissiger- und Vierzigerjahre. Chur 2000.

Meyer Alice, Anpassung oder Widerstand. Frauenfeld 1965.

Muschg Adolf, O mein Heimatland. Frankfurt am Main 1998.

Neutrale Kleinstaaten im Zweiten Weltkrieg. Schweizerische Vereinigung für Militärgeschichte und Militärwissenschaften. Münsingen 1973.

Richardot Jean-Pierre, Une autre Suisse 1940/1944. Une bastion contre l'Allemagne nazie. Labor et Fides, Genève 2002/Editions du Félin, Paris 2002.

Ries Karl, Deutsche Luftwaffe über der Schweiz, 1939–1945. Mainz 1978.

Rima Augusto (Hrsg.), Come il Cantone Ticino ha vissuto la guerra totale (1936–1945). Losone 2000.

Rothenhäusler Paul (Hrsg.), Nun lügen sie wieder. Hinweise auf antischweizerische Publikationen in englischer Sprache. Stäfa 2000.

Rings Werner, Schweiz im Krieg. Düsseldorf – Wien 1974.

Saul E., Visas for life. Ausstellungskatalog. EDA 1998.

Schäfer Stefan, Hitler und die Schweiz. Deutsche Militärische Planungen 1939–1943 und die «Raubgold»-Frage. Berlin 1998.

Schelbert Leo (Hrsg.), Switzerland under siege 1939–1945 – A Neutral Nation's Struggle for Survival. Rockport, Maine 2000.

Schlüer Ulrich (Hrsg.), Schweizerische Selbstbehauptung während des Zweiten Weltkriegs. Schweizerzeit Schriftenreihe Nr. 29, Flaach 1998.

Schmitz Markus/Haunfelder Bernd, Humanität und Diplomatie. Die Schweiz in Köln 1940–1949. Münster 2001.

Schom Allan M., Survey of Nazi and Pro-Nazi Groups in Switzerland 1930–1945. A Report Prepared For The Simon Wiesenthal Center. Los Angeles 1998.

Schweizerische Nationalbank, Die währungspolitischen Hintergründe der Goldtransaktionen der Schweizerischen Nationalbank im Zweiten Weltkrieg. Bern 1999.

Senn Hans, Der schweizerische Generalstab, Bd. 7, Anfänge einer Dissuasionsstrategie während des Zweiten Weltkriegs. Basel 1995.

Senn Hans, Das Schicksalsjahr 1940. Gründe für die Verschonung der Schweiz vor einem deutschen Angriff. Stäfa 2000.

Stamm Luzi, Der Kniefall der Schweiz. Zofingen 1998.

Stamm Luzi, Wer hat die Macht in Bern? Zofingen 2000.

Stauffer Paul, Carl J. Burckhardt, Facetten einer aussergewöhnlichen Existenz. Zürich 1991.

Stauffer Paul, Sechs furchtbare Jahre... Auf den Spuren Carl J. Burckhardts durch den Zweiten Weltkrieg. Zürich 1998.

Tanner Stephen, Refuge from the Reich. American Airmen and Switzerland During World War II. Rockville Centre, NY 2000.

Tschuy Theo, Carl Lutz und die Juden von Budapest. Zürich 1998.

Unabhängige Expertenkommission Schweiz – Zweiter Weltkrieg (Bergier-Kommission), Berichte und Zwischenberichte:

- Goldtransaktionen im Zweiten Weltkrieg: Kommentierte statistische Übersicht. Ein Beitrag zur Goldkonferenz in London, 2.–4. Dezember 1997. Bern 1997.
- Gold-Zwischenbericht, Die Schweiz und die Goldtransaktionen im Zweiten Weltkrieg. Bern 1998.
- Die Schweiz und die Flüchtlinge zur Zeit des Nationalsozialismus. Bern 1999 (Zwischenbericht).
- Flüchtlinge als Thema der öffentlichen politischen Kommunikation in der Schweiz 1938–1947. (Beiheft). Bern 1999.
- Roma, Sinti und Jenische. Schweizerische Zigeunerpolitik zur Zeit des Nationalsozialismus. (Beiheft). Bern 2000.
- Rechtliche Aspekte der schweizerischen Flüchtlingspolitik im Zweiten Weltkrieg. Gutachten von Walter Kälin. (Beiheft). Bern 1999.
- Berichte 1–25:
  1. Fluchtgut – Raubgut. Zürich 2001.
  2. Interhandel. Zürich 2001.
  3. Clearing. Zürich 2001.
  4. Transit ferroviaire à travers la Suisse (1939–1945). Zürich 2001.
  5. Electricité suisse et Troisième Reich. Zürich 2001.
  6. Geschäfte und Zwangsarbeit. Zürich 2001.
  7. Schweizer Chemieunternehmen im «Dritten Reich». Zürich 2001.
  8. Die Flüchtlings- und Aussenwirtschaftspolitik der Schweiz im Kontext der öffentlichen politischen Kommunikation 1938–1950. Zürich 2001.
  9. Tarnung, Transfer, Transit. Zürich 2001.
  10. Schweizerische Aussenwirtschaftspolitik 1930–1948. Im Druck.
  11. Schweizer Rüstungsindustrie und Kriegsmaterialhandel zur Zeit des Nationalsozialismus. Im Druck.
  12. Expansion, Konfiskation, Nachrichtenlosigkeit. Im Druck.
  13. La place financière et les banques suisses à l'époque du national-socialisme. Im Druck.
  14. Schweizerische Wertpapiergeschäfte mit dem «Dritten Reich». Zürich 2001.
  15. Nachrichtenlose Vermögen bei Schweizer Banken. Zürich 2001.
  16. Die Schweiz und die Goldtransaktionen im Zweiten Weltkrieg. Im Druck.
  17. Die Schweiz und die Flüchtlinge zur Zeit des Nationalsozialismus. Zürich 2001.
  18. Die Schweiz, der Nationalsozialismus und das Recht. Bd 1: Öffentliches Recht. Zürich 2001.

19. Die Schweiz, der Nationalsozialismus und das Recht. Bd 2: Privatrecht. Zürich 2001.
20. «Arisierungen» in Österreich und ihre Bezüge zur Schweiz. Im Druck.
21. Schweizerische Bodenkreditanstalt: «Aussergewöhnliche Zeiten bringen aussergewöhnliche Geschäfte». Zürich 2001.
22. Netzwerke, Projekte und Geschäfte. Zürich 2001.
23. Roma, Sinti und Jenische. Zürich 2001.
24. Die Schweiz und die deutschen Lösegelderpressungen in den besetzten Niederlanden. Zürich 2001.
25. Aspects des relations financières franco-suisses (1936–1946). Im Druck.

Urner Klaus, Die Schweiz muss noch geschluckt werden. Zürich 1990.

Vetsch Christian, Aufmarsch gegen die Schweiz. Der deutsche «Fall Gelb» – Irreführung der Schweizer Armee 1939/40. Olten – Freiburg im Breisgau 1973.

Weber Karl, Die Schweiz im Nervenkrieg. Aufgabe und Haltung der Schweizer Presse in der Krisen- und Kriegszeit 1933–1945. Bern 1948.

Wetter Ernst, Duell der Flieger und der Diplomaten. Die Fliegerzwischenfälle Deutschland – Schweiz im Mai/Juni 1940 und ihre diplomatischen Folgen. Frauenfeld 1987.

Wyman David, L'abandon des Juifs: Les Américains et la solution finale. Paris 1987.

Ziegler Jean, Die Schweiz, das Gold und die Toten. München, 1997.

Verwendete Abkürzungen

AGG	Arbeitskreis Gelebte Geschichte
BBC	British Broadcasting Company
EDA	Eidgenössisches Departement für Auswärtige Angelegenheiten
DDS	Quellenedition «Diplomatische Dokumente der Schweiz»
Flüchtlingsbericht	Bericht «Die Schweiz und die Flüchtlinge zur Zeit des Nationalsozialismus»
Goldbericht	Bericht «Die Schweiz und die Goldtransaktionen im Zweiten Weltkrieg»
ICEP	Independent Committee of Eminent Persons (Volcker-Kommission)
IG	Interessengemeinschaft Schweiz – Zweiter Weltkrieg
IKRK	Internationales Komitee vom Roten Kreuz
NATO	North Atlantic Treaty Organisation (Nordatlantikpakt)
NS	nationalsozialistisch
NZZ	Neue Zürcher Zeitung
OSZE	Organisation für Sicherheit und Zusammenarbeit in Europa
SAD	Schweiz. Aufklärungsdienst
SIG	Schweizerischer Israelitischer Gemeindebund
SNB	Schweizerische Nationalbank
UBS	Union Bank of Switzerland

UEK	Unabhängige Expertenkommission Schweiz – Zweiter Weltkrieg (Bergier-Kommission)
VSJF	Verband Schweizerischer Jüdischer Flüchtlingshilfen
WJC	World Jewish Congress (Jüdischer Weltkongress)
ZDF	Zweites Deutsches Fernsehen